KU-544-555

COLLECTION ANTHOLOGIES

Vingt-cinq poètes québécois, 1968-1978
de Lucien Francœur
est le quatrième titre de cette collection.

LUCIEN FRANCŒUR

Vingt-cinq poètes québécois
1968-1978

l'HEXAGONE

Éditions de l'HEXAGONE
900, rue Ontario est
Montréal, Québec H2L 1P4
Téléphone: (514) 525-2811

Maquette de couverture: Jean Villemaire

Illustration de couverture: Roland Giguère

Photocomposition: Atelier LHR

Distribution: Diffusion Dimédia inc.
539, boulevard Lebeau
Saint-Laurent, Québec H4N 1S2
Téléphone: (514) 336-3941; télex: 05-827543

Distique
17, rue Hoche, 92240 Malakoff, France
Téléphone: 46.55.42.14

Dépôt légal: premier trimestre 1990
Bibliothèque nationale du Québec
Bibliothèque nationale du Canada

© 1989 Éditions de l'Hexagone et Lucien Francœur
Tous droits réservés pour tous pays
ISBN 2-89006-308-9

PRÉFACE

Sur la place publique

Je suis sur la place publique avec les miens...

Gaston MIRON

Vingt ans après le *Refus global*, la poésie québécoise se retrouvait, plus que jamais auparavant, sur la place publique où depuis un bon moment *déparlait à voix haute dans les haut-parleurs le poète Gaston Miron*. Les poètes de cette génération prirent son «art poétique» au pied de la lettre: «Or je suis dans la ville opulente / la grande St. Catherine Street galope et claque / dans les Mille et Une Nuits des néons...» La poésie était partout, dans la rue, dans les cafés, dans les bars et les brasseries, dans les revues, les cocktails et manifestations au sens le plus large du terme. Bref, la poésie québécoise se retrouvait *sur la place publique*, non pas pour revendiquer le pays comme l'eût souhaité Gaston Miron, mais revendiquant, au-delà des frontières socio-culturelles et géographiques, le monde, la Terre, la planète! Comme dans la chanson de John Lennon: «Imagine there's no country, imagine...» Les poètes de 68, contrairement à leurs aînés, ne se posaient plus les questions de *québécitude* (identité à reconquérir, territoire à s'approprier...). Le Québec, ils le voulaient à la mesure du monde et démesurément révolutionnaire. À la remorque du mouvement hippie américain mais en même temps essayant de s'en démarquer. Certains voulaient rester ce qu'ils étaient — Québécois français nord-américains —, ils se voulaient citoyens du monde à part entière. Ce qui était d'ailleurs réclamé dans une chanson des Doors de Jim Morrison: «We want the world and we want it now!» C'était ça et rien d'autre la révolution contre-culturelle, du cartésien Mai-68 en France (les profs jouant de la guitare sur les barricades avec leurs étudiants) au plus sauvage Flower Power (les profs prenant du LSD avec leurs étudiants sur les campus), du *Do It* de Jerry Rubin, au *Woodstock Nation* the Abbie Hoffman en passant par *The Politics of Ecstasy* de Timothy Leary. C'étaient eux les grands leaders de la révolution contre-culturelle américaine, et les nuits et les rues québécoises s'en réclamaient ouvertement. On faisait de la poésie pour changer le monde, pour aller au bout du *voyage vers l'Est* et de *l'expérience intérieure*.

J'ai choisi l'année 1968 comme date charnière pour trois raisons: la publication du premier numéro de la revue *les Herbes rouges*, celle de *Pornographic Delicatessen* de Denis Vanier et de *l'Écho bouge beau* de Nicole Brossard. Vanier et Brossard donnent des pistes irrésistibles et indéfectibles à suivre. En d'autres mots, d'une part, le formalisme néo-québécois et le post-structuralisme avec *le Plaisir du texte* comme «petit livre rouge» (d'où le marxisme-léninisme à saveur d'ici qui s'ensuivit) et, d'autre part, le «Québec Love», à la mode de chez nous, chanté un court moment par Robert Charlebois, voilà qui donne le ton de l'époque. C'était aussi l'année de la première représentation et du scandale des *Belles-sœurs* de Tremblay en même temps que la parution de *Sgt. Pepper's Lonely Heart Club*

Band des Beatles (ou, en ce qui me concerne, la sortie de *Their Satanic Majesty's Request* des très sain(t)s Rolling Stones).

C'est dans le désordre urbain et underground deleuzien que tout eut lieu; même le formalisme ne put y résister. Je pense à *la Barre du Jour* et à tous ceux qui se voulaient éperdument poète à ce moment. Une histoire littéraire ça se fait au jour le jour, ligne à ligne, mot à mot...: de 1968 à 1978 surgirent les poètes dont on entend parler aujourd'hui dans les classes de cégep où enseigne habituellement un de ces mêmes poètes, et qui, avec beaucoup d'abnégation et d'humilité, se propose souvent lui-même comme auteur au programme (choix libre bien entendu); des écrivains qui, aujourd'hui, voient régulièrement leur nom dans les journaux, les magazines et revues, des écrivains assidûment boursiers et qui ont tous été lauréats de quelques prix littéraires. De scripteurs qu'ils sont devenus jusqu'au fonctionnariat sans rémission qui les restreint toujours un peu, sans qu'ils ne cherchent le besoin de se questionner pour autant, en d'autres mots, la poésie contemporaine n'a plus lieu dans la rue des nuits, et le poète n'est plus sur la place publique avec les siens; travaillant dorénavant *in vitro*, se fabriquant une littérature à huis clos, il écrit l'intime au plus petit coefficient lisible possible.

Je ne ferai pas l'Histoire de la poésie québécoise, pas plus que je ne vous introduirais à la contre-culture en une session de cégep. Il vous faudra lire la très exhaustive introduction de Pierre Nepveu et de Laurent Mailhot à leur *Anthologie de la poésie québécoise*, publiée aux Éditions de l'Hexagone; une traversée de l'histoire poétique québécoise *des origines à nos jours*, qui parle dans le sujet, d'une manière rigoureuse et avec beaucoup d'exactitude. Mais il vous faudra peut-être la lire au complet cette anthologie, pour bien percevoir le trajet parcouru, les frontières dépassées, comprendre le souffle le plus libertaire qui avait soufflé jusque-là depuis le *Refus global*, et lui avait permis d'émerger à cette poésie. Il nous fallait être absolument moderne et très rapidement, après avoir lu et relu *l'Âge de la parole* de Roland Giguère, *le Réel absolu* de Paul-Marie Lapointe, *l'Homme rapaillé* de Gaston Miron; et *les Îles de la nuit* d'Alain Granbois ainsi que *Regards et jeux dans l'espace* de Saint-Denys Garneau (certains allant jusqu'à mentionner le nom de Paul Morin comme précurseur d'une poésie ultra-mondaine!). Nous avions tous frémi à la lecture de l'*Alchimie du corps* de Juan Garcia et restions fidèlement sensibles au drame d'Émile Nelligan, que nous ne nous efforcions plus de lire, lui préférant la lecture de ses maîtres à écrire: Rimbaud, Baudelaire, Mallarmé, etc., ou encore les écrivains beat américains: Corso, Ginsberg, Burroughs, Kaufman, même Sanders, ou Brautigan, sans oublier le plus émouvant de tous les poètes américains, Jim Morrison.

Il faut avoir assisté à la première *Nuit de la poésie*, au Gésu en 1971, pour bien avoir compris que la poésie pouvait être accessible à tous, comme le voulaient Lautréamont et Breton, d'un siècle à l'autre. Cette nuit-là, c'était comme un *pop festival* américain, comme un show de rock, avec du monde debout dans les allées, assis par terre, dans la rue et qui ne pouvait entrer, du monde et du monde! Une salle survoltée, un bateau ivre à la dérive: l'Infonie et Raoûl Duguay qui chantaient le funky OKLA, Claude Gauvreau visiblement impénétrable, Claude Péloquin exarcerbant comme jamais, Michèle Lalonde tremblante d'émotion dans son *Speak White*, Gaston Miron en animateur, Paul Chamberland déguisé en Wild Bill Hickok et parlant du *Strawberry Fields* des Beatles, et enfin, le plus étonnant de tous les poètes québécois jusqu'à ce jour (avec Gaston Miron il va sans dire), vêtu d'un blouson de cuir rouge, très Jimi Hendrix et Bob Dylan, récitant des textes d'une voix venant d'ailleurs, du plus profond de la sensibilité, Denis Vanier arrivant d'une certaine manière en sang de Chicago et moi dans la salle, sur l'acide lysergique, revenu depuis peu d'un séjour d'une année, à la Nouvelle-Orléans, où j'avais vécu de nuits blanches, de petite fumée et d'autres substances, et lu Jack Kerouac en écoutant *Beggars' Banquet* dans le *psychédélisme américain* pendant que d'autres ailleurs...

C'est pourquoi dans ce trop court texte, je me dois de répéter que la décennie 1968-1978 a laissé des traces interminables et indélébiles dans la poésie québécoise contemporaine. Mais il y a des noms que vous verrez ici et que vous ne reverrez probablement jamais plus ailleurs: Louis Toupin et Louis Geoffroy. Dans le cas de Geoffroy, c'es plutôt pathétique, car s'il fut un poète beatnick, dans le vrai sens du mot, c'est bien lui, l'obscène nyctalope dans son *Empire State Coca Blues*. Il y a des poètes que j'aurais voulu mettre dans ce choix de poètes: Gilbert Langevin est l'un de ceux-là. Mais j'ai dû faire une sélection en m'assujettissant à des critères de génération avec des contraintes historiques précises. Tous ceux que j'ai retenus sont de la génération 68-78 sauf trois exceptions: Nicole Brossard, Paul Chamberland, Michel Beaulieu, pour des raisons d'ordre littéraire bien simples: la mutation dans l'œuvre même, la rupture par rapport à soi-même-auteur déjà promu — ou *promis*®™©*!* — par un milieu. Il me faut suggérer la lecture de tous les livres de Gilbert Langevin et les tous premiers de Claude Péloquin, ainsi que ceux de Raoûl Duguay*. Il fallait faire des choix appropriés, dans le cadre d'un livre qui voudrait intéresser un plus grand public étudiant (ou autre) à la poésie québécoise globalement, et plus particulièrement, à celle des années 68-78. Car on en parle trop peu et lorsqu'on en parle c'est avec un ton invariablement condescendant.

---

* Lire absolument *l'Anti-can* de Roger Soublière et prendre connaissance des livres-objets publiés aux Éditions de l'Œuf.

Il faut savoir que c'est autour de Patrick Straram que gravita cette décennie. D'aucuns diront que j'exagère son importance, comme ce fut toujours le cas de tous les inconditionnels de Straram. Je leur répondrai que, quoi qu'on en pense, Patrick Straram avait un ascendant très fort sur toute une génération de poètes. On ne pouvait penser en dehors de Straram: on était religieusement pour ou hystériquement contre, mais jamais indifférent, jamais en dehors de sa présence. Il revenait en 1971 d'un exil de cinq ans aux États-Unis, à Sausalito sur le ranch Mar-Jon, amérindien charismatique et rigoureusement dialectique, et il était une inspiration inaltérable comme lors de ces réunions d'ironie cinglante à la taverne de la Veuve Wilson (quartier général élu de Straram), et les sessions de réflexions dialectiques au Conventum, avec les frères perdus. Je me remémore Patrick Straram me reprochant de trop aimer les Doors, de n'être pas assez critique, assez à gauche. Moi, je ne lui reprochais rien, de peur de ne savoir où et quand m'arrêter. J'apprenais, comme les autres. Il faudrait donc lire *Irish Coffees au No Name Bar & vin rouge Valley of the Moon*, d'un bout à l'autre en écoutant John Coltrane ou les Grateful Dead sans arrêt.

Il y avait aussi les nuits de la Casanou de Pierrot-le-fou Léger, à l'Asociacion Española de la rue Sherbrooke, devant un Hollyday Inn insignifiant. Et la folie furieuse qui s'emparait de tout, dans la fumée et l'alcool jusqu'au vertige, au plus profond de l'être. Combien d'existences consumées en quelques nuits abominables, dans l'ivresse de vivre à mourir et l'iconoclastie la plus sauvage, jusqu'aux limites, toujours plus loin, en un interminable voyage au bout de la nuit. Un *nowhere d'urgence* nous entraînait, pour les besoins de la cause: «Tune In, Drop Out, Turn On.»

Je veux absolument insister sur l'importance du journal *Hobo-Québec*, véritable happening tabloïd où publiaient Beausoleil, Vanier, Straram, Chamberland,

Pierrot Léger, Le Baron Filipp, Janou St-Denis, des inconnus et tant d'autres encore. Un journal d'écritures avec des images à pleines pages, des textes et des textes: entre le dadaïsme et Andy Wharol.

Et tous les mercredis soirs, on était certain de nous voir assidûment aux lancements des Éditions du Jour de Jacques Hébert, sur la rue Saint-Denis: Geoffroy, Straram, Marcel Hébert, Louis-Philippe Hébert, Nicole Brossard... On empruntait les livres en montre sur les tablettes, sous l'œil volontairement distrait de Jacques Hébert. Des lancements où nous nous retrouvions tous, *bras ouverts* et *bar ouvert*, jusqu'aux limites du possible. Été comme hiver, nous nous abîmions entre les gens distingués invités aux cocktails du mercredi, côtoyant parfois de douteux auteurs. Dérives à perte d'âme et j'en passe, des plus belles aux plus atroces. C'était ça vivre la poésie à cœur de jour et à corps perdu. Sans jamais oublier la présence, que dis-je l'omniprésence de Gaston Miron, et ses monologues d'aliénation délirante, ses invectives à l'emporte-pièce et sa vie agonique aux yeux de tous...

Le mouvement contre-culturel faisait force de loi dans toute la francophonie. Pour une fois, dans son histoire littéraire, le Québec n'était pas en reste: les poètes d'ici et ceux de la France syntonisaient la même chaîne référentielle: l'Amérique. Quant à nous, nous l'habitions cette Amérique qui les fascinait tant. Et c'est au Québec que se tint, en avril 1975, la *Rencontre internationale de la contre-culture*, à laquelle participèrent Allan Ginsberg, William Burroughs, Claude Pélieu, Denis Vanier, Patrick Straram, Leonard Cohen, Ed Sanders, Anne Waldman, Michel Lancelot, Daniel Biga, Paul Chamberland, Louis Geoffroy, Raoûl Duguay, Pierrot Léger, Claude Péloquin, moi-même et quelques autres. Et rappelons que c'est un sculpteur québécois, Armand Vaillancourt, qui érigea un poème de béton et d'acier sur le territoire absolu des hippies: à l'Ambarcadero de San Francisco, en Harley

Davidson et froc de cuir, il mena son projet à terme en écrivant *Vive le Québec libre*, sur sa sculpture, le jour de l'inauguration, au vu et au su de tous les journalistes et dignitaires stupéfiés. Alors le Québec n'avait rien à envier à la France et donnait le beat sans demander l'avis de la «mère patrie».

Je ne pourrais en dire guère plus sans m'attendrir, ce qui risquerait d'indisposer le lecteur. Je voudrais seulement que ce choix de textes puisse faire apprécier d'intenses moments de la poésie québécoise, et rendre justice à cette décennie sciemment occultée par les universitaires de la littérature. Et à celui qui me reprocherait d'être passé à côté, je le renverrais, sans arrière-pensée, au roman d'Emmanuel Cocke: *Va voir au ciel si j'y suis!*

Los Angeles/Montréal,
mars-août 1988.

Michel Beaulieu (1941-1985)

Né à Montréal en 1941. Poète, romancier, journaliste, traducteur, éditeur.

n'abaisse pas trop tôt le signal du départ
il reste tant à goûter sur la table des nuits
tant de nœuds à nouer de liens à défaire
n'abaisse pas trop tôt le signal du départ

*

elles coulent elles dérivent entre les doigts
s'ils se tendent pour la saisie les heures
on s'enfonce avec elles sur les épaules
n'y résistent pas les trottoirs et l'acier
tant de pas posés sans raisons contre raison
parmi les fils électriques et les réverbères

*

je sais que s'ensablent les montres
malgré le temps l'heure à retenir
qu'on ne peut pas se souvenir
avec la précision des ongles
tout s'enfloue dans nos yeux
les miroirs déforment les images
chacun vit au milieu de ses cernes
chacun les souligne petit à petit

0:00, 1969

tandis que tu descends des embouchures
un envol de libellules foisonne vers tes mains
tu vois le noir des vaisseaux poindre
torchon brûlé que les crêtes se lancent
loin dans les éclats des éclisses flottantes
la plaque de tôle d'un soleil qui surnage
voici que l'heure approche de la cène première
ploie manant si le faucon fend
d'un coup de griffe à travers la cicatrice
l'artère qui nourrit tes mains
ploie manant contre l'espace délavé
contre l'après des pluies et des volcans
l'après des rues des avenues percutées
je te revois fille des foins et des senelles
c'était l'hiver et la glace coulait de tes lèvres
le tramway vire au coin dans ses attelages
l'éclat d'un soleil de 5 heures p.m. parmi les fenêtres
avec un crépitement de poulies
ma nacelle mon hémisphère ma caravelle
il faut lutter tant que les reins ne cèdent
tant que le cœur cogne dans ses bronches
je reviens de loin d'un pays méconnaissable
avec ses fantômes avortés sa faune ensevelie
des lumières vous traversent la rétine
où la brique respirait dans ses courroies craquelées
les chênes vous cherchaient au fond du lit
avec leurs gants multicolores
et ce lent tumulte des feuilles aux rêts du vent
on monte on s'aperçoit que tout change
qu'en est-il des rues écourtées des trottoirs de bois
parfois le cœur se déchire en ses replis
te voici en novembre
plus près de moi-même que la pluie
la terre et ses réseaux de sève
la terre et ses réseaux d'égouts
l'express aux souterrains où tu te terres

16

gronde en ses phares au lointain du tunnel
on nourrissait des projets délétères
on se prenait la tête entre les mains
avec des airs de ne plus savoir
ce qui se dresse devant soi des murs ou des ombres
on s'inventait des rires de déments
des tendresses à fleur de peau des caresses
et toutes les illusions de tous les ports
perdues sur les routes jamais parcourues
des images nous restaient de ces voyages
dont nous lisions les signes à haute voix
parmi la fumée les odeurs de grillades
ce premier amour du premier jour la dernière nuit
passée à paître dans des pâturages inhabituels
de même les relents t'emportent sur leurs ailes
à travers d'innombrables révolutions
une vingtaine de translations tu retombes sur tes pieds
les couleurs s'empiègent aux cristaux neigeux des yeux
rien ne respire plus le temps vient de le dire
sur la pierre passe un souffle qui la polit
dure ou perdure la loi ne suffit pas
des cendres qui coulent sur tes tempes
rien ne naît de l'homme s'il meurt
fruit rongé à partir du cœur
il ne comble pas de dériver parmi les ombres
rien ne suffit ni l'espace et ses avenues

Charmes de la fureur, 1970

quand tu descendras les trottoirs de l'ivresse
n'oublie pas de regarder en arrière
la rage du vent roule sur les automobiles
tu poursuivras cette marche le corps délesté
de tout ce qui te suit à la trace

rien vraiment ne meurt enfoui dans les yeux
ce sont les oreilles qui se couvrent de mains
tu ne goûtes que le sel si tu restes en place
il faut aller plus loin que ce coin de rue
descendre vers l'effloraison des lumières
ou nier cette guirlande aux devantures de néon
tu jetais toujours le magazine une fois parcouru
lisant quelquefois mais saisissant trop vite le quoi
encore que dans tes yeux se mourait un goût de suie

Paysage précédé de *Adn*, 1971

RIEN

je te (brise?)
(mais qui? mais quoi?)
rumeur à peine et qui s'amenuise
(et sans doute: s'amincit)

à peine encore ce bruit vibrant dans la vitre
une portière claquée quelque part
et l'écho s'en morcelle jusqu'au marteau sur l'enclume

le mot faisceau s'inscrit entre les lignes
— sait-on pourquoi? —

tu dis: faisceau
tu entends peut-être: vaisseau
cette réverbération

ainsi l'eau n'arrache pas ses paupières
tu n'attends rien de la transparence des feuilles
tu n'appliques pas les garrots à la gorge des suppliciés

tu ne distilles plus parmi les chaudières les poisons
leurs petites fumées se cristalliseront dans tes mains

la rumeur des ombres couve les œufs
de qui rongés par les acides

tu t'effaceras parmi le soleil
une rose noire entre les dents

tu méditeras des gestes de pierre
un peu de sable exacerbera cette faim de tout
un peu de sable un peu de sel et cette rumeur
d'une eau si peu propice aux étanchements

(moi? vous errez)

tu ( )

(moi? oui.
mais quoi?
rien. rien?
rien.)

ÉQUIGRAVISPHÈRE

t'apercevant brise dans les yeux si vite qui passe
et tu passes et repasses et t'attardes à peine
— yeux tes yeux depuis le fond d'un lointain corridor
il s'y tramait de petites implosions de luminescences
et maintenant les traits un peu plus ciselés tes yeux
mangent l'espace parmi le froissement des iris —
mais si je n'en croisais pas soudain la trajectoire
tu poursuivrais ce chemin dont je ne sais rien encore

sinon qu'en risquant de ne plus t'y découvrir
j'en cherche à parcourir les ornières tu le pressens déjà

sept ans cet interrupteur un café nous rajeunirait
ou le temps d'une cigarette brûlée ensemble
sur la Sainte-Catherine au feu fou qui nous ressemble
et je m'enfoncerais parmi tes yeux délétères
ô tête affaîtée contre le décor ambiant
comment dire et que tu dérives sur cette joie
ou bien te la laisser lire dans mes yeux
à la façon de te regarder de t'écouter de toucher
ton visage du bout des doigts de marcher près de toi
parmi les éclats de suie la nuit sur la ville

mais voilà nous avions l'esprit rebelle toi et moi
errant nulle part et partout errant partout
sur chaque mot chaque signe nos propres allusions
j'en suis tout au plaisir de te reconnaître
et je ne crois pas te déplaire tout à fait

Pulsions, 1973

il monte des matins des profils de lumière
une fumée sur la grisaille et la ville
tu renais claqué dans la sonnerie du réveil
elle s'épouvante chaque fois parmi tes fibres
tu la soumets d'un œil alangui
cette envie de pisser qui te prend tout à coup
bientôt il faudra filtrer le café
peut-être une cuillerée de poudre instantanée
te revêtir de poussière et de bruit les vêtements
froissés traînaillent sur les chaises
tu te souviens de la nuit marchant
dans la pièce à côté ou te brossant les dents

quelques heures de sommeil à dévêtir
les pluies les sanglots étendus le silex
de la mémoire perçant l'idée fixe
à peine le temps de t'enfoncer dans la vague
avec les yeux ouverts sur la chaleur de l'été

FM: lettres des saisons III, 1975

tu t'en vas là
parmi la fracture des trottoirs
les routes dérivées
au gré des interdictions arbitraires
mon âme
et le passant passe
il va de soi
martelé par ses illusions
par tout ce que l'œil engloutit
ces visages
ces couleurs
ces objets dénaturés
cette lettre qu'il n'attend plus
ce compte qui s'attarde
le cœur bat le cœur bat
vacille-t-il qu'il s'éparpille
et fouille dans les vitrines
ses propres décombres

Indicatif présent, 1977

elle est pourtant là qui m'attend
la nuit
les valises prêtes au voyage

avec cette patience qu'elle a
parfois
de tant et tant d'années
chaque matin offrant
un semblant de rémission
quand la vie vient de naître
dans quelque corps anonyme
et qu'on ceindra d'un nom
avant de l'enrouler dans les bobines
des ordinateurs
quand tout se fait fragile encore
dans ses premiers balbutiements
si précis soient-ils
et si déterminés
par la perception subliminale
des sens à l'affût
l'âge venu

*

je vous laisse mon visage
familles
dépouillé de ses masques
entrouvert sur lui-même
une ou deux douzaines de photographies
peut-être floues
l'âme captive
et nucléique dans ses éclatements
en écoutant que saute l'aiguille
sur la rancœur d'un sang
tournoyant
qui ne sait plus désormais se taire
et ne demande rien en retour

Familles, 1978

Claude Beausoleil

Né à Montréal en 1948. Poète, critique et professeur.

En attendant follement
      machinalement
      arbitrairement
      immédiatement
      sensiblement
      frivolement
      irrémédiablement
      mécaniquement
      follement ce JOUR qui se présentera sans
acrostiche pour faire trembler l'envers de mes bavures un
peu déçues de trop de promptitude vivante s'insurgeant
entre les raies de mon mépris statique,
Je
Dégaine avec l'instance de la loufoque loufoque loufoque
loup et dent en haleine dans ce cercle décrit pour les autres
avec des MOTS hautement très frelatés frelatés pour la con-
sistance des frissons de chair collante de mortalité seul
absolu des décisions prises par désinvolture misérablement
identique au dernier râle du cri qui glapit dans cette même
et première certitude des MOTS hautement très frelatés frelatés pour la
Fête
Dans
Dans
Dans (avec l'hideuse compassion rose du désespoir
      amoindrissant la finitude nommée)
Dans mon grand et débonnaire et multiforme et oublié
      et maîtrisé et rose et évaché et frileux livre

*

Osseux
Ossature
Ossement
Os
Osmose qui permet l'impossible Osmose de la réalité
        permise Osmose des impossibles permissions
Osmose osseuse osant cracher son sang sec sur les
Jointures de chair
Qui
Qui
Qui
Fument
Les
Dérisions
Imprimées mais pleinement compromises dans leur inex-
        tricable vacillation première
        mais pleinement malléables dans leur inavoua-
ble sanction surréelle

Intrusion ralentie, 1972

SOURIRE ÂCRE ET ROLLING STONES

Les arbres ont sucé la nuit & les pierres
bondées de cris...

Claude PÉLIEU

Amérique fouineuse et crachotante comme une noirceur
débile

Fadasse énergie débitant son tremplin

Vitesse de haine rauque

Vitesse sifflée sur les peaux accroupies

Un frisson (fructueux) délabrant les mèches

Un frisson saupoudré d'extase

Une saccade viscérale

Apostrophe crispée

désaxant les échines

arrachant des ruts à L'Amérique entière

(Coup strident frappé au creux des ailes)

*

Syncope
de
glaise
opaque
qui
frétille
sur
le
rythme
du
temps
vamp
de
la
pénétration
accélérée
des
jukeboxes
épisodiques

qui
imaginent
pouvoir
filer
comme
des
ventouses
cosmiques

*

Affront insinuant des fiels mauves

Éclaboussure de rythmie mûgissante

Échancrure

      qui dilapide

            la formation terrorisée

Balafre insoupçonnable comme un rouleau fripé qui
    effrite ses confettis

      de plomb chauffés à son meurtri d'angoisse
      indirecte et contractée

          Rolling Stones/

          Fatalité fugace

          sur l'œil vitreux

          des débâcles ordurières

          Rolling Stones/

          Sourire de mort

          vivant ses tressautements

          richissimes

*

Sexe ahuri débondant des sauts velus

                    qui revalorisent l'instinct

Sexe explosé en plein vol

Les instants tuméfiés d'avance

Les audaces décodées

Les dégoulinures rageuses

          (choc instable)

          Rock sifflant

          (choc qui bande)

          Rock flambé

          (choc remord)

                    *

          Rock menteur qui croasse sur un ricane-
          ment de spot roussi par les ravages
          du vide

Ajournement pâli
Limite exsangue
Déhanchement âpre
Luxure automatique sur vélin ambigu

          Vitesse intensifiée
          Vitesse d'un tourment perturbé comme à
          rebours

Les Bracelets d'ombre, 1973

FLEXIBLE

Recyclant le sevrage / ellipse
dans la *mobilité* de l'écriture
Saut de trappe.
Silence imposé dans la structuration
qui biaise le déclenchement.
Épiderme textuel.
Livresque — par le *centre* — qui
                dépend des contours.
                La fusion dégouline à
                coup d'œil lecteur.
(l'espace s'incline dans sa page)

Retraçant le cercle / forme
dans la *staticité* de la rupture.
Vague de sens.
Vidage choqué dans la dissémination
qui agresse le détournement.
Littérature sexuelle.
Formalisme — pour le *triage* — qui
                organise les récitatifs.
                L'obsession calme la
                texture qui louche.
(le texte verse à côté du bol)

Avatars du trait, 1974

LE JEU CHAOTIQUE DES MESSAGES

enfiévré

> / la ruse se dactylogra-
> phie (au creusage de
> l'effort — la décon-
> traction des aléas —)

une couverture
(bafoué:
 le signal)
tract anarchisant
(il saute l'heure du)

                    *

choisir un terme
le bruit   métallique
— superposition(s) —
observer des bandes-images
phalliquement
                    /d'autres intermédiaires
(les veinules, l'écriture, la peau,
 la respiration
— surfaces formelles —
effets:
écrire la délectation des lieux manuscrits
modulation   perçue/reçue
le son s'enfonce
                    / dans son
                      signifiant
VIOL MODERNE

                    *

vis-à-vis   diffusion
toute une série d'orgasmes
déformation(s)
fraîchement détendue
remontée
            (sur son livre)
— la photo vieillie —
un sourire textuel

                                    *

couloir:
le vocabulaire
(prendre l'espace)
le sens s'évade
case mutuelle
— la page formalise
    un séjour —
désir limé
                / sur le papier
ses contacts:
déteindre
                / sur le lecteur

                                    *

fermeture
(le jeu s'analyse)
— coulisse —
rupture sans déterminé
envisager le retournement
un sexe à la page
par opération(s)
(lire le début)
liaison cyclique des éclatements

Motilité, 1975

L'OFFSET STORY

j'imprime d'une tranche délabrée
perplexe en volutes
s'allongerait le temps (cil)
en sentences, en moteur
dédire

*

le vertical up
d'anges au nez encyclopédique
qui d'Avenue de
bifurque mon œil Buenos Aires
china teakwood lu d'ocre
jubile
des visages de 1, se dorer

*

s'élimine le temps bloc
imagine du goût, décrire
cercles, rotonde, valver
de technique en perte(s)
ville: mère: vague: étage
place au/, mixage de nuit

*

ombre SKIzophrénique
de chatte-mensonge parallèle sur
les (secret) ratines (rose vœux)
des ménages d'odeurs
des bruits de dangers
une souple tension d'après-midi voyeur

Sens interdit, 1976

31

LA BROUSSE CITADINE

le calme planait vert
sur la page rectiligne (ce serait l'effort lu)
des branchages multiples
peut-être une organisation
l'humide regard de l'horizon
la route temporelle pour Tulum
revenir sur les pas
revoir les calques et leurs ressources
des masques mortuaires préfaçant la mer
se croire à la fois Maya et Lecteur
une amertume de fin d'après-midi
ce délire près de la mémoire
après un mois de déplacement(s)
     un été d'artifice végétant sur l'image
des pistes qui rivalisent
des sentiers liés aux broussailles
     de l'entrée principale
la route est une question

Le Temps maya, 1977

Nicole Brossard

Née à Montréal en 1943. Poète, romancière, essayiste, éditrice.

L'ÉCHO BOUGE BEAU

rayonnant nord sud avec des ramifications digitales poin-
tées est ouest je ranime l'horizontale version de la terre
rousse dessin vrai. Le souffle brûlé à force de giration: où
d'où vient ce doux noir crinière levante appelée entendue
des horizons les plus lointains ces lieux marqués au couteau quand passe la débâcle comme si le cœur en rond-
point croyait au rendez-vous: voies ferrées bigarrées aux
alentours libres du filet où tourne le rond-point mythique.
Cela pourrait-il servir encore d'être atteinte écarlate au vif
la hanche sillonnée l'ombre enveloppante. Cela pourrait-il
encore

dans la nuit revêtir le casque d'acier urbain
croquis géant

le phosphore
être sonore authentique se mêler au dessin dehors
l'alternance du miroir à la vitrine y voir
un visage presque visage

*

quelque peu le temps farouche moi à l'autre bout
continent
vague me ramène si lentement

autant le dire m'éloigne presque tant
je voudrais rejoindre le corps dur géographique
corps abîme la distance ses fixes boussoles m'isole
quelque peu
irréelle au hasard la trame sonore des visages
en vain de trop s'émouvoir sans lèvre pour
masquer le monde feu furieux ses lignes ŒIL
lancé sur les poutres d'acier encombrantes
frontières maudites interdites quelque peu
de près on voit le changement oui se déplacent
certaines courbes on avance ainsi la nuit
seconde à la une au creux du sexe milieu
quelque peu
            frémissant d'être tout au centre l'alarme
l'écho lisse les ondes l'évasion son courant même
la caresse et
            si cela doit éclater éclater

L'Écho bouge beau, 1968

MOTS SUBORDONNANT

d'un seul trait signifiant quand il y a fuite du dire
le mot massacre

intensité d'abord
            en sondant plus avant plus
                              profond
                                        plus loin

la formule naît
d'où on le sait de quoi d'un point
vibrante donc car elle nourrit et pèse plein sur

le sens et le contre
en genre s'accorde à rebelle en nombre
et meut

liaison
plus cela devance l'encre
pousse précisément (avant) dehors et dedans

transition
or
drôles ces signes vides et bleus malgré
même si (c'est-à-dire quoique)

restriction
néanmoins

explication
vague c'est
car entre les mots trop d'espace
vague et belle à consommer la liaison

sitôt que la circonstance selon que s'énonce
paradoxalement futur et passé engendrent
en même temps
au moment où il y a à franchir
il advient que le noir noir quadrille mal
entre les espaces blancs [contraste]
il y a limite entre circonstance et confusion
le tout conditionne et programme

*

en ces temps opaques le ciel remorquait tant de délires

or l'artifice maintenant scintille et s'empare de

éventuel accomplissement
tout en surface seulement
de l'émeute aux fabuleuses suites sonores
c'est que rapport exprimé signifie rature
se double exaspération
à travers l'ensemble se pavane le code
le code analyse le code impératif
et tout à l'opposé voici paraître le code

Suite logique, 1970

son désir l'explore
yeux et conséquence de la circonstance
son regard l'infiltre plus parfaitement
que les déserts lisses et mouvants
(termes d'agitation: la mécanique
souterraine
l'ensemble des crues et des hauts cris)
son désir
sur le masculin grammaticale
ramification des doigts malines

*

en jeu en joue s'ouvre et s'étend
s'étreint au long du cours

répétition en dehors du champ d'action
(feu le centre)
l'immerge au clair de la prunelle
sans ombre l'onde (m'étant plongée dans
une lecture)
qu'on enfonce
vague du va-et-vient

sel sur le parcours et possède et détruit
presq
l'ombre à ravir mouvante formule

Mécanique jongleuse, suivi de *Masculin grammaticale*, 1974

TEXTE   29   1   74

1.

toutes les directions «Imaginez et *imaginez la plume à la
main*» le site et le décrivant ce trouble qui procure le plaisir: la mousse le désert et discourir folle d'ombre sur les
surfaces «"virtuel", ou inversement, par un coup d'écriture» *mes* mots en série flottent *troublent croissant*:
site déplié la nuit muette te brouter la mousse
attenter à tes jours
salive et pertes («la description est une machine à désorien-
ter ma vision»)
les directions / l'anatomie: nous n'écrirons que pour con-
sumer les rôles:

> robe ne peut être que cinématographique
> quand elle tombe comme la cendre d'une
> cigarette car nous ne pouvons qu'en dis-
> tinguer les parenthèses: il neige. Nous
> serons maintenant attentifs à autre chose.

presque en nos miroirs lisant comme des index
fouillant le sexe luisants
circulaires glissant modifiant les équations les pentes sur
nos lèvres exactement ma pensée pour ne citer: «si le sujet

du livre est toujours en quelque manière *sa propre compo-sition* alors on ne saurait songer à aucun sujet préétabli»

mais on en sort par la bouche en l'ouvrant

La Partie pour le tout, 1975

LE CORTEX EXUBÉRANT

Quand sera brisé l'infini servage de la femme, quand elle vivra pour elle et par elle... elle sera poète, elle aussi!

RIMBAUD

combien la supprime qui la poursuit inlassablement mais en *veille* l'attente lui révélant tout de la nuit la noirceur des pages.

l'invitation à te saisir parmi les mots du tendre texte comme une ouverture, une béance/déchirante. CETTE ÉCRITURE NE PARDONNE PAS QUI DÉSORMAIS CLABOUSSE É TALE TOUFFE.

Les séries juxtaposées d'alerte au timbre clair/ (pour passer de l'un à l'autre l'*à* étant le messager le facteur irré-ductible de plaisir) la lettre. Le propos qui est celui de dou-ter de tout ainsi que cette impression devant l'expression *posséder rien* après s'être acharnée de tout le poids des muscles et de l'eau, de la salive sur ton (puisque je te parle et te brave ma suppléance) sexe. Mais plus cela qui jouis-sait devant moi était possédé... ce corps lent à mourir finirait dans un instant par s'abolir ne laissant rien, las, devant moi, Possesseur (n.m.)/ dépossédée dans la tentative même d'inscrire ici l'acte pur du véritable revirement: — posséder rien — sans grammaire pour l'inscrire nominal dans le ventre/vulve territoire mais surtout clitoris haut-lieu. On épuise ailleurs qu'en ce dictionnaire les sens, les conséquences de tous ces mots qui s'étalent du *positif* au *possible* entre deux pages: ci-inclus: *possédant*, ante, adj. et n. / *possédé*, ée, adj. et n. / *possesseur*, n.m. / *possessif*, ive, adj. et n.m.

CETTE ÉCRITURE NE PARDONNE QUI DÉSORMAIS PUISE SON JUS AILLEURS, SON ENCRE VERTE, ÉTREINT DANS L'HERBE. SECOUE LES MOUSSES ET LES RICANE.

Ma jouisseuse italique, tes charmes à l'oblique entre nos seins. Mets ma / double agitation. Il nous éternue ce texte dans toutes les contradictions. Nos contractions: le spasme de *rien*, qui se détend / ploie autrement que possédé. (Entre les jambes de deux femmes qui dans le soir décidaient des rythmes et de l'ouverture. À tout *liquider* de plaisir. Mille positions s'offraient qui ne convenaient dans la forme du zéro.)

pendant que d'autres s'assèchent les lèvres à parler l'impossible ressemblance et concordance de nos corps lents et mous *en bas de page*. D'illisibles tourments, mimes blancs.

Le Centre blanc, poèmes 1965-1975, 1978

Mario Campo

Né à Montréal en 1951. Poète, comédien et cinéaste.

Ambiguïté: tout a été dit et tout reste à dire. L'Europe s'américanise. McDonald's à Paris, un peu partout. Même entre Clichy et Pigalle. L'argent et le sexe. Le quart de livre et la «french frie». La machine tourne encore, plus que jamais. Ceux qui en doutent devraient sortir de leur boîte et voyager. Ils y trouveraient la plus réelle et concrète des surprises en boîte. La planète réciproque au mouvement de la machine. Sans équivoque.

Le nombre de marginaux a augmenté. Celui des Holiday Inn aussi.

*

Mythologie. Grecque. Américaine. Super-Éros. Super-Héros. Supers-Zéros. L'anovulatoire: un chant en mal d'aurore, celui de l'oiseau noir de Montevideo. Je n'ovule que métaphysiquement dans les cycles de l'écriture. Un jour j'enfanterai peut-être d'un roman. D'amour. Aimer, le verbe le plus important, même dans la plus grande littérature.

L'art d'abord pour le hors de. L'or sans âme, âme numérique, amérique. Seule ou seul dans son lit avant de s'endormir, les angoisses, les joies, les souvenirs, les questions sont les mêmes. Le maquillage et le masque: futiles. La futilité fuit-elle? On ne joue plus. On se regarde dans le miroir de la nuit pour se voir de plus près, pour vrai. Face à face, plus souvent avec le mal de vivre que la joie. Parce que le monde tel quel.

*

Hôtel Éden. À l'est de. Les enseignes de la nuit enseignent la vie. La vie de la ville. La lune comme une femme. Errer, partir à la découverte de la poésie après minuit. Les hommes sommeillent, exténués, fatigués d'être des hommes. Ils reposent la bête, le guerrier. Dans la géométrie de la cité, au milieu des hypothèses, des raisonnements, des preuves, des conclusions, l'imagination se désixyzise.

Ville étrangère (Nord de l'Afrique, Grèce, Sud de l'Italie) où seuls les hommes peuvent sortir le soir; durant le jour, ils séquestrent leurs femmes aux travaux ménagers pendant qu'ils draguent (pour ne pas dire assaillent) les filles. Je dois me faire plus «homme», protecteur, jouer aux bras. Et j'oublie la poésie quand monte en moi l'envie de les défigurer.

L'Anovulatoire, 1978

Paul Chamberland

Né à Longueuil en 1939. Poète, essayiste et professeur.

MÉTRONOMIE APHASIÉ

À la mémoire de Gauvreau.

tu-sais-tu-sais-tu-sais éteindre les certitudes   rab
                                                          rou
                                                          ées

                                    sectionnée la tête
        sous lèvres maxillaires supérieurs la béance d'un sang
noir   le regard coule dessous, un temps indéfini

… noir, le regard…
                (palpées sous la peau, des terreurs)

        ne peux plus obéir aux horloges — il est des
        têtes dans les schistes où voyagent les massacres-
        saxes — une aiguille-fine-fine fissure des rétines
        gelées dans la surprise

(… noir, le regard…)

exemple, je vous cite: (peut-être Heidegger lu)
je n'avais plus, marchant, en tête que les trottoirs
— vriller le regard au ciment brut net, interroger
l'origine (*avant* qu'il y puisse avoir la racine
des pieds des voitures des buildings)
chaussée, table rase, ô frugal'considération! «j'écartai
tous les faits» — moi, la mise entre parenthèses
l'épochè, je lessivais (d'autres peuvent dépeupler les
labours ou se donner le ventre nu des mers) —
au ciment, ouïr la molécule élémentaire, l'ascétique,
ne cesser sinueuse de couler en son «milieu»
stupéfié (son inertie) — le solide ah! le solide!
— (philosopher: rayer tout le dictionnaire
et bégayer méthodologiquement...)...

... pl

... plus tard j'accueillis le poulpe tumultueux des faits que
charcutent les sciences... mais le saisir tout c'est (le dis-
siper) disparaître en lui vaporisé   — Et
puis ne fallait-il pas bien rattraper le calendrier les semaines
les rendez-vous le cadastre-agenda

... palpées, sous la peau...

proche, il semble maintenant que c'est tout
proche, et que la main studieuse va bientôt
rassembler mettre ordre à ses découvertes
essentielles...

```
phé            l'essaimage-images
nom       bombillement, colonies d'hyménoptè-
éno            res par plaques levées d'horizons
log        marneux        boue fertile des obses-
ies            sions bombillement bombill
```

modules: proximité
              enfournement
              l'interne écorchie

unilatéralement physique le contact: par arêtes pointes sifflantes surfaces engrenages hérissés brûlante limaille bruissante

superbement L'INSOMNIE: l'œil grand ouvert dilaté tenu fixe ébloui froid-réverbérant, l'éblouissure en périmètre rouge purule pour que glaciaire la bleue surface stridente de l'iris s'irise

Éclats de la pierre noire d'où rejaillit ma vie, 1972

CANTIQUE DU NOUVEL ÂGE

L'humanité véritable va se rassembler d'ici
la fin de ce siècle. Et triompher de la pesanteur matérielle. En elle, et par elle, la Vie,
qui est à l'œuvre depuis le commencement
des Âges, la Vie, qui est désir et violence,
va franchir les derniers barrages et réali-
ser enfin sa performance suprême.

Je ne suis qu'un petit garçon de la terre américaine.
Je n'aurai rien mérité.
            Tout va se passer ici.
      L'enfer industriel aura été
            la dernière carapace de Dieu.
      Nous mutons.
      Le labeur millénaire tire à sa fin.
      Nous devons nous reposer des fatigues
            d'une longue civilisation.
            Écoutez.
      Nous allons inventer Dieu.
            Dans nos corps.
      Notre chair va le mettre au monde.
      Nous allons réaliser l'idée divine de
                        l'Homme.
      Et confondre l'incroyance, comme la vieil-
le superstition, qui ne sont que les deux faces
d'une même ignorance, d'un égal refus de la
                        Vie.

Hiroshima marque la fin de la préhistoire.   Nous
Les enfants du Verseau vont se multipliant,   mutons
et s'avancent, sans crainte, à travers les décombres
de l'ancienne espèce, maintenant vouée à une rapide
                        disparition.

Nous mutons: l'Ultraviolet émis
par les étoiles, engendre les corps
nouveaux. Un formidable bain d'ondes mentales a commencé d'enve-
lopper la planète pour sa prochaine
transformation, qui sera radicale. Le
Déluge revient, le soulèvement des
fonds, l'effondrement de continents
entiers — c'est la coupe sombre qui
doit précéder le renouvellement de
la terre. Les élus seront rescapés:
le signe nouveau luira sur tous les
fronts légitimes.

Je ne suis qu'un petit garçon de la terre américaine. Je
termine en cette vie mon labeur millénaire. Une fois que
tout sera réalisé de ma tâche, je renaîtrai dans la lumière,
parmi un peuple d'enfants
all the angels come
Et tu feras de moi l'égal de Dante,
de Moïse. Sade en moi lèvera sa
tête de fauve éblouissante. Je se-
rai dieu parmi tous les dieux.

Demain les dieux naîtront, 1974

DÉCRET DES BONTÉS CRUELLES

à partir de maintenant,
les roses devront fatalement piquer de leurs épines
le poignet des êtres trop tendres
qui commettent l'imprudence de se laisser séduire:
ils seront forcés de connaître
le goût de leur propre sang

le mal
tout le mal
paraîtra au grand jour
en vue d'un traitement
par le soleil

la lâcheté habituelle   les petits écrous de la cervelle
les zones d'ombre, pas trop loin des refuges sûrs —
avec ça, on peut faire semblant de défier la mort,
de braver, l'épée au clair, sur le «stage» bien éclairé
le contraire de la vie-et-mort: l'habitude qui continue
«vous verrez le ciel ouvert, et le Fils de l'Homme...»

les hommes sont pauvres à cause de ça   je le sais,
je ne l'accepte pas, même si je sublime   par chance,
certains produits de la sublimation sont complices
de la mise à mort de la sublimation
l'instinct est un
ce que ne pourra jamais dire le langage

la gloire
oui, la gloire est l'aspiration commune   on ne
le croirait pas
tant les compromissions qui la réduisent à des objets
insignifiants ont pris le dessus

la gloire, la santé des dieux, la «fatalité du bonheur»

à la libération intégrale du sexe
correspond la libération intégrale de la violence
              dehors les fantômes, les fantasmes, les folies
nous sommes entrés dans une phase
d'orgies et de crimes qui se terminera
              par une paix universelle
       tout ce qui était déjà dedans sera dehors
    les envies de déchirer, de violer, de baiser «à tort et
à travers» seront satisfaites   ce ne sera pas pire
    qu'avant: on assistera à un «déplacement d'effets»
du mal, c'est tout   et, peu à peu, on appréciera
       le bienfait de la franchise du mal   le mal,
       tout le mal, doit
paraître au grand jour en vue d'un traitement par le
       soleil   les hommes diront
                          ceci est mon corps
                          ceci est mon sang
et ils communieront à l'espèce humaine

              nous attendons
       l'avènement du Royaume

Le Prince de Sexamour, 1976

channelled on the all-tracks System...
tous les postes de la télévision hologrammatique
     à «effet de réalité» sont ouverts en même temps

          la cervelle mono de l'homme de Gutenberg
a de plus en plus de misère à syntoniser son obsession
     favorite
il s'enfarge dans l'encombrement de marchandises-
     informations,
     éparpille dans une embardée tout son stock mnésique

          on a installé une TV couleur dans le poêle
          à Descartes
     qui sera obligé de crever dans un igloo mantrique
          pour ne pas perdre le fil de la raison

          le lecteur moyen change de poste
après avoir feuilleté l'édition illustrée du «Discours
     de la Méthode»
     à l'usage des picture-addicted kids du New Age
il discerne, en traces-phosphènes à travers les fentes
     du texte,
     les fesses de Jackie, la mâchoire chrétienne d'un
     Pinochet,
          une «grosse mol» (kand on est kébékois)
et les shows magnétiques d'un shaman de 14 ans

          j'absorbe l'inépuisable
     et ne parviens guère, en général,
          qu'à l'état d'hébétude euphorique

Extrême survivance extrême poésie, 1978

Jean Charlebois

Né à Québec en 1945. Poète, traducteur et rédacteur.

CHAPIT' 007

*... La théorie du secret et sa pratique
dans la communication charmante.*

LEXIQUE
> *tourner à vide: tourner à vide*
> *singeries: faits et gestes*
> *secret: la vie l'amour la mort*
> *complet: no vacancy*
> *personne: personne*

INTRO. une lallation vaille que vaille.

1. S'il faut, pour parcourir un être, se jeter dans l'isolement!
   J'abdique-à-tout-prix.

2. «excusez-moi mademoiselle l'institutrice mais la gorge me serre»

3. J'ai tout de (l'homme, l'homme-homme, l'homme-homme-homme) (cf. Duguay)

4. Je ne parcours jamais un être pour le piquant.

4½. Je vis pourtant les uns dans les autres sans trop savoir.

5-6-7-8. Le partage des corps?
C'est trop facile.

9. Savoir à outrance:
a/ j'sais pas
b/ j'sais pas
c/ j'sais pas

10. Les êtres existent dans le silence.

TOURNER À VIDE (how did that come about)
10½. «excusez-moi mademoiselle l'institutrice
mais la gorge me serre»

FIN: On ne nous avait pas dit que l'ordre du
monde cachait d'innombrables secrets.

NOTE DE L'AUTEUR:

On a la paix de nos singeries.
ÉTRANGE FAUNE.
On préfère ne pas savoir.
L'absentéisme est COMPLET et
en bonne et due forme PATHOLOGIQUE.

Popèmes absolument circonstances incontrôlables, 1972

(je me suis pris dans mon temps. je me spontanéifie. je l'amour. je parade oxe. je me tiens dans l'humain. si, et seulement si, la volonté agit, l'histoire suivra. une volonté hypertendue, vendue corps et âme à un parti, atrophiée par un «nous» sans «je», organisée à s'en lécher les mécanismes est tout compte fait une volonté assujettie. la volonté qui pousse l'histoire à jouer des dates n'est pas humaine. l'homme qui porte un fusil n'est pas fatalement libre; on peut être aliéné par un gouvernement ou par son idéologie. l'intériorité et la sensibilité seraient des choses du passé, la volonté se lance dans le prêt-à-porter: le choc entre les deux est violent. je le vérifie. mais je veux que ma volonté d'homme agisse. je me veux dans l'humain.)

Tête de bouc, 1973

PASSE-MOI LE BEURRE

Vous connaissiez déjà *Temptation*,
le vibromasseur phalloïde
chauffant qui peut également
remuer verticalement... Vous
connaissiez aussi *Dr Richard's
Ring*, l'anneau spécialement conçu
pour vous permettre de demeurer
plus longtemps en état d'érection...
Vous connaissiez sûrement *Extask*,
la fellatrice de poche, le seul
et unique vibromasseur-suceur
silencieux sur le marché...
Ou alors qui ne connaît pas *The
Remote Control Vibrating Egg*,
la fameux œuf dur au menu depuis
toujours dans le slip des Orientales...
Et quoi encore: *Gold Finger*, le
vibromasseur qui a du chic pour
celles qui ont du chien, *Prolong*, la
crème de la crème pour ceux qui
souffrent d'éjaculation précoce
(éjacule trop vite, rappelons-le,

l'homme qui, dans plus de cinquante pour cent des rapports sexuels, se retire avant d'avoir satisfait sa compagne), *The Penisator*, l'ange gardien du pénis qui transmet ses battements d'ailes jusque dans les replis du vagin les plus sensibles aux titillations...

*

Oyez, oyez, Messieurs, voici maintenant du gros nouveau, grandeur nature, voici *Lovely Linda*, la jeune fille gonflable — et «pneumatique» alors! — qui ne sait pas dire non, la poupée insatiable d'un réalisme saisissant. Bouche ronde lippue toute grande ouverte, superbe poitrine, autres parties douces et invitantes, devant et derrière..., *Lovely Linda* est toujours prête pour l'action et elle met tout en œuvre pour satisfaire vos désirs les plus secrets. *Lovely Linda* est aussi munie d'un dispositif de commande discret qui vous permet de régler en tout temps l'intensité des mouvements vibratoires de son vagin, fourré de lapin, en chlorure de polyvinyle lavable et ininflammable. Somme toute, avec votre nouvelle femme *Lovely Linda*, vous serez unis pour le meilleur seulement!

$39.95

Modern Age Products Inc.
2 West 45 th Street, New York,
N.Y. 10036

Hanches neige, 1977

OH PAR INADVERTANCE

«vos départs sont toujours pénibles»
jeanne goldin professeur mil neuf cent soixante-huit
une énergie appétissante tout le tour
une bouche en lèvres de cire rouge

pièce de paraffine rubis dont on se fardait les lèvres
pour attirer l'attention des filles
jean baulu le magnifique
avait à peine commencé à terroriser le quartier
j'embrassais viviane sur la bouche
fermée
ses lèvres plutôt minces et raides
contrastaient beaucoup avec celles d'une madeleine
de grâce et d'yeux
ballerine par surcroît
dont j'étais amoureux en grand secret

*

mais comment dire ce que j'avais à dire
à l'une et à l'autre
en étant sûr de réussir à gagner madeleine
sans déclencher une crise d'abattement chez viviane
rien de moins
allait-elle s'ouvrir les veines
ha

comment mais comment
je continuai donc à embrasser madeleine
viviane s'entend
on s'assoyait dans un même fauteuil rembourré usé
dans un sous-sol muré de panneaux de bois de pitchpin
et toutes les quatre minutes
d'une manière quasi automatique
on s'embrassait quelques secondes
les yeux fermés
sans respirer sans bouger
en écoutant danny and the juniors fabian ou
many a tears
have to fall dou-dou/dou-dou
but it's all   dou-dou/dou-dou
in the game dou-dou/dou-dou
              dou-dou/dou-dou
puis on niaisait marcel qui n'avait jamais de blonde
mais qui plantait un ou deux anglais par semaine
on niaisait méo qui ressemblait à fuzzy cupid
mais qui dansait merveilleusement le rock
on niaisait ti-cul de bernard
dont la famille récitait le chapelet tous les jours
à sept heures avec le cardinal à la radio
famille unie famille qui prie
étoile du matin reine du saint rosaire

Conduite intérieure, 1978

François Charron

Né à Longueuil en 1952. Poète et peintre.

PREMIÈRE FANFARE

la princesse qui garderait les oies m'atten-
drit. Moi qui eus la douleur de voir réduire
en cendres cette bibliothèque *américaine*, et
un quart d'heure plus tard elle fumait. «As-
tu déjeuné, Jacquot?» dit-elle aux applau-
dissements des catholiques unanimes (idiots
dilatés par la faim) suivant ce soleil corporel
qui les éclaire: l'hymne nationaux. Ne la
portait pas à des excès par droite ligne de
nous, toute blanche, toute noire mais très
intéressée par la plus belle chose du monde:
Moi! Moi! je l'apprends à l'instant, après
qu'un malaise social provient de la mise en
pratique du vieux dicton. (l'autre) Tu l'as
placé ton mot, alors tais-toi.» _____ ainsi
nommé à l'occasion d'un calvaire où sa
fureur peut avoir le domaine d'un obscur
«signe» dont nous ignorons même le son. *À
la guerre comme à la guerre!* Et un besoin de
nous la faire perdre, la Vie! et à plus grande
raison un style comme d'habitude est une
seconde nature, un berceau d'artistes que je
considère comme autant de temps dérobé à
leur tendresse. ton déclamatoire: L'imagination moderne en a tiré les effets d'une
poésie éblouissante, secouant la rose immor-

telle, à l'époque où la strophe est un mélange
dont nous n'avons pu encore comprendre le
pourquoi.

Au «sujet» de la poésie, 1972

il n'y a rien au monde   pas même cet obstacle
perdu au loin dans la prairie   l'éloignement
l'isolement coulé dans les veines
je n'ai encore rien vu qui ressemble à l'absence
sauf ici naissance à telle page
d'un côté la forêt   de l'autre   la terre travaillée
en pratique la forêt n'est plus qu'une terre à travailler
plus tard   mais rendue à son vrai souffle
qui lui ouvrira la chair
ici où là
j'entre en toi   (passer le seuil)
calme   dur   clair   distant
sur le contour de nos présences l'air ne pèse plus
lentement   avancés   reculs   points de contact
comme si c'était moi qui t'avais faite
spontanée   familière   amusante   aisée dans le
va-et-vient des choses
dominant la matière   (la mettre à son service)
la réaction s'avive aux besoins du désir
c'est plutôt glisser en toi qui m'affecte
comme nous pénétrons ensemble la terre dans ses reflets
ses représentations tendues
comme nous touchons le corps étranger

La Traversée/le Regard, 1973

[...]
ici plus tard ailleurs maintenant
faire claquer ce qui s'intitule littérature
    (et qui n'est en fait que propagande au service
        de la bourgeoisie)
ne plus maintenir   briser le vase clos   ouvrir
sentir les forces qui soutiennent toutes productions
(autant spirituelles que matérielles)
sentir le déchirement qui s'y produit partout
(une partie visible, l'autre renfoncée)
tentant sans cesse à nier les connexions   les rapports
l'un ne va pas sans l'autre   malgré tout

fragments de la grande aventure   révolution
    demain, au cours d'un meeting au village de Hong-che,
    sera créé le premier détachement révolutionnaire
    féminin, annonce-t-il.
le casse-tête «écrivain génial pour le soupir»
comme fesses serrées fesses craquées (qui craquent)
moi allant où je veux trouver la vérité engagée
dé-faire   dé-mentir les génies malfaisants
que leur imagination se rapetisse
rétrécir jusqu'à n'être plus qu'un petit remorqueur
    traînant une impression fugitive et brève

    contraire: dire   la pensée est celle que moule
        l'existence
    elle ne flotte pas   elle n'est pas figée la pensée
    elle va et vient
    départ/retour dans le plus complet silence
    retour à la dialectique oubliée
    (il aura fallu beaucoup d'expériences pour aller
        chercher la loi)

noyer cette fausse impression de ravissement
(la cache: l'homme qui domine l'homme)

imposer le continuel recours à un autre champ
société capitaliste elle entre dans mon conscient
       et je la décapite
       lui coupe sa voix
       étouffe /

    prévues   raisonnées   les phrases font que
      s'écroule un rêve   (croule vieux rêve)
    le grand fleuve ne reflète plus la paix du ciel bleu
    il mesure les chocs qui se dressent   tout à coup
      implacables
Nan Pa-tien a commis tous les crimes, il opprimait avec la
complicité des autorités, il était le maître incontesté, et
maintenant les masses indignées dénoncent ce méfait et
exigent la mise à mort de ce fléau du peuple.

    thèmes sentimentaux à briser définitivement
      (amour   tristesse   pureté)
    secouer ces façons de dire mortellement vides
    seule la dérision (dans ce cas) reste un devoir pour
      l'écrivain

Interventions politiques, 1974

[...]

ainsi je parle de la cause dans
l'effet de l'effet dans la cause
ô ton
ô prodige
ô collision je hurle que ça y est
que ça se déplace dans le
comment donc oui pareil que moi
je te veux mon chou

comme un fœtus veut sa mère
tout en refoulant son père
ici resalut aux versants modernes
aux versants classiques
ah je vous casse
je vous concasse par le cancer
de la voix magique qui dit
sois bénis
sois exactement genre
grand prix littéraire
non vraiment moi toujours
cruel colonel cent fois
j'irai et vous m'aiderez
à gravir le style
cent fois votre air effacé de farine
bravo et ouf! je vous aurai par
la grenade et sa prise de vue
condamnée à mort
le truc c'est comment développer
la technique du «je» et de sa loi
lyrique prenez note pour la xième fois
c'est tout vu
vous pouvez rougir
blanchir
pâlir
verdir
jaunir
les nerfs à vif vous les
présentent en délire en paradis
en boule en versification manquée
oh oui je gage que te voilà cuit
à la merci d'une maladresse
lecteur re-saisis-toi
ça promet
ça rédige
ça gagne du terrain au plus

fort de la joute
vraivrai j'ai pas menti
te souhaite le château
tiens entends la vapeur qui nous
séduit qui nous enduit trois
couplets complets
pas mal hein
salut piment bonjour carotte
que le diable vous emporte
à genoux au printemps tu
gagneras la loto-québec et
ton sperme pourra de nouveau circuler
voilà l'idéal qu'on se tape
c'est à prendre ou à laisser
vive l'hygiène du trou
allons ça critique
ça s'tortille
ça louche en maudit
vive le siècle
ah shit depuis toujours
je vous embête
je vous soûle correct
donnez-moi la riposte
donnez-moi la volée
donnez-moi vos suppositions
à l'emporte-pièce
que le comble de mes grimaces
libère le bruit qui vous consulte
qui vous frise de la meilleure façon
ah oui parfumez-moi
rendez-moi gogo
rendez-moi joli profil
que le but soit atteint
que j'vous écrase l'émotion
à la violence qui vous fesse
qui vous traîne

qui vous entraîne dans son langage parlé

[...]

Pirouette par hasard poésie, 1975

savoir spirale tôt ou tard maîtriser tôt ou tard
posséder la primeur du parfum ligné hein tu clignes
des yeux en me répondant «je fais faire les moissons»
occasion unique sans précédent de humer tous les
genres de parfums figure enivrée puis puis
mains tachées replie repose-toi j'en conclus
ciel décroché cet enfer-là c'est à nous
ça diminue un peu l'euphorie de la nuit oui
j'ai trouvé ça dépense pour mieux dépenser
prends! lèvres, lumière, frénésie, âtch! morsures
critique, persévérance, corps fouetté, parions
qu'il va planer, voyage, baisers, conseil, promesse,
ça correspond à quoi de particulier de privé?
paix totale souvenirs empêchés éclaircissons
éclaircissez le pittoresque de la fable qui
nous conte qu'à telle heure la rivière est
enchantée tu fais inconsolable laisse laisse
arguments portraits eau claire ô matin matinal
reviens recule repousse patience les cicatrices
parlent soupir à me lirelirelire eh poussin
t'as mauvaise mine respire plus loin plus creux

Enthousiasme, 1976

affrontons mille et un périls
menons la lutte nuit et jour

la ligne se trace à même le corps des millions de travailleurs
traversons villes et campagnes
montrons la matière arrachée   sans nom
—— *souffle contre l'ennemi*
le monde est là qui nous attend
prenons-le   mordons la terre
détachons-nous des anciennes lois (vibration de l'air)

*

histoire   innombrables tempêtes
bourgeoisie: pourriture à nier
ici   en ce pays
compagnons donnons-nous notre parti
hiver   été
délogeons le cadavre pétrifié
la réaction ne peut plus rien
les groupes de choc pointent pour maintenant et pour
     plus tard
grande force des masses qui scrute l'horizon pour faire
     pivoter l'univers
des muscles   des armes   et du papier
pour écrire la voie enfin frayée

*

partout l'unité grandit
ouvriers   étudiants   intellectuels
partout la compréhension progresse
patrons exploiteurs   État pourvoyeur
école qui perpétue tout ça
une existence qui nous étouffe et qui nous tue
périodes à venir   grands bouleversements
l'avant-garde   debout   déliée
sarcle le sol   rend visible la trame
tous combattants nous changerons le cours des récits

Propagande, 1977

ainsi nous frôlons les parois de l'étui. Nous y sommes comme l'indigence, comme l'entropie, route abyssale qui désigne nos preuves étayées. *With their tongues, they test, taste and judge all that is mine.* Quelque chose nous bascule dans la vitre: fléau, boucherie, crime. Nous avançons, mais dissemblables, terribles, fouillant ce qui reste, arrachant à la fois chaque investiture et chaque licence pour mettre à nu une fulgurante abrasion. *Comme des flèches. C'est le tableau qui me regarde.* Dans le jaillissement, le déploiement d'une voie admirable, irisée, ombre portée sur les us et coutumes, car dans cette aire nous voilà traqués, et elle réalise l'alliage entre.

Blessures, 1978

Jean Yves Collette

Né à Sainte-Adèle en 1946. Poète et éditeur.

l'attention portée aux moindres inflexions le corps un peu mou laisse l'imaginaire naître des sens frôlée de partout à la fois (semble-t-il) remodelée au triple rythme pervers la chaleur saisie à la source une chute faussement dite de reins le ventre respiré et tous les pores ouverts par les mains savantes graves sont les hanches (le frémissement et la moiteur des chairs) bientôt de la robe les longues manches... léchée du regard et léchée tendrement le fut la lisse transparence de la peau découpée tambour vibrant la taille soutenue le corps étendue s'écarte l'acide fut deviné noir sous le tissu la langue comme un baume sur les offenses de beaux abcès de fleur pourpre chargés complaisants des seins les premiers fruits furent extraites les enivrantes essences du ventre amoureusement battu par la langue les secondes les parfaites salinités entre les jambes avant déjà que ne soit absoute la culotte les parfums persistants la dentelle effacée enfin la bouche peut mordre la pulpe la bouche peut boire les yeux s'étouffent d'abord seule la lumière fut entourée frémissante embrassée découverte enfin les lèvres étouffées les salives mêlées du premier nid de chaleur

Deux, 1971

(l'âme au seuil de) projeter verticalement le jour lendemain qui couvrira la ville de grisaille assis agripper la foudre et la baiser déchirures stries de sang fixes ainsi qu'une physique lumière connue sans verrous sur ma porte au vent ouverte aux quatre feux la tentation d'amputer ma vie couchée sur le dos du rêve d'être sage jusqu'à l'ennui le poids de la boue sur la langue opaque un bonheur invariable infernal se faufile crépite à la chute du jour endormi tournoyant d'habitude en oubli métal jauni qui me griffe je presse de questions la muraille j'achève de toute part d'écrire mon cadavre délivré

*

au seuil de l'âme inventer la vraie lumière omettre les broussailles élastiques et briller sur l'écran du vide ainsi qu'un nuage au soleil fuyante silhouette et translucide vague figée comme la voix amère de l'âge surprenante pulsation intérieure arbre tronqué mourant pulsation dure semblable au brise-lames belle herbe flasque où se cachent les doigts d'une femme belle chaleur rouge allongée désordonnée raideur de poupée enfant amidonné couleur maudite exquise longtemps longtemps cachée et cruellement fuite

L'État de débauche, 1974

INITIATION AU SURRÉALISME

Il devra frapper à la porte avant d'entrer. Il devra faire le coup du raz-de-marée. Il devra creuser le tunnel sous la Manche. Il devra générer spontanément des hordes cruelles d'animaux sauvages. Il te devra la fiction de la science.

Il devra aimer les gratte-ciel et la brume. Il devra quitter la terre et sa trajectoire. Il devra vibrer dans ses entrailles. Il aimera les petits pains au chocolat.

Dire quelque chose clairement, 1977

éviter à tout prix les secousses pendant que se joignent les lèvres

*

cueillir chaque matin chaque brin tiède de chair chaque lisse minute de la main fonder la rumeur dure sous le sein théologier les hanches et s'abîmer dans la contrée intelligente y régner et à la bouche coller le bâillon de l'espèce

*

l'unique lumière étourdie multipliée la lourde fièvre le temps stationné apaisé par le phosphore gravissant le langage frissonné le maquillage excessif et tous les angles parés imaginer le parfum imprégné

*

se perdre dans la mémoire presque liquide ou glisser et oublier l'état d'être nu jouir de la lumière captée puis s'user à gravir le sable cru en route vers le feu de la terre

*

liaison des pentes et des vertiges la vive brûlure des mousses et des fougères les fumées frénétiques irisant le calcaire puis les vagues soufflées des falaises qui rongent les glaciers comme enfin le métal contemplé du sommeil

*

friable vert pâle ou noir profond horaire du silence toutes valeurs chuchotées par la transparence toute douceur longuement permanente l'image démesurée la semence dans les herbages magnétiques la caresse du platine la calligraphie survivante

*

le paysage comme une vallée passante le profil éclairé de la langue sucrée et tiède sous la pluie lisse chaque silence plié au milieu de la chair à la fois vierge à la fois obscène les chemises revêtues à l'aube quittées à l'aurore pour aller boire à la vie protéger son état d'ivresse

Une certaine volonté de patience, 1977

Normand de Bellefeuille

Né à Montréal en 1949. Poète, critique et professeur.

tes chevaux
dans ma tête
et que dans ma tête
tes chevaux
est que
tes chevaux au désir blanc
dansent
en ma tête
haute   haut désir
d'étendre
de lever et
d'autres choses
d'être autre
en ma tête
chaude et chose
que tes chevaux
aux
os d'eau
doux
aussi et dits
si bien
que celui-là (ci)
regarde un peu plus loin
que le blanc
de notre désir

*

-ci
lu plus haut
encore un peu
ton sexe haut
beau temps du
lieu léché
ce (dis-je)

*

(puis tournant l'épaule très lentement)

car moi-même
encore
au sang
de ton dos

          (est-ce bien le petit
           bruit de moi-même?)

hésiter (autrement)
en disant:
«les insectes»
et différents
au dehors

(entr'ouvrant la bouche cette fois)

en vêtements défaits
et lents
car ta joie
me recommence

(ici)

*

vitement donc
retourner
aux salives

comme de belles venues
aux maisons
de tes jambes

Ças, suivi de *Trois*, 1974

ces textes s'installent en un lieu lent. ils n'ont de l'écriture
que l'encre jetée en une chine hésitante au sens, plurielle
ici, une quelconque marque au delà, puis d'harmonies
hésitant bien aussi quant au sens. et ce lieu, musical, juste
écouté au moment même de la trace hésitante, s'installe
également en un lieu indécis mais différent de la page-là du
sens et de la question littéraire.

*

deuxièmement écouter paul bley comme une grammaire en
robes relevées, bien sonores et serge, majuscule la bière,
verticale par des phrases d'allure est-ce donc le jeu des lectures? il s'agirait ici de quelques lectures à faire, du plaisir
aux joues justes. parler encore un peu de textes sans heurt,
en craies lentes, en théâtres. (et lucie de tes cuisses en une
autre coïncidence dire quelque chose de beau.)

*

et là la référence aussi hésitante en une juste mesure du
noir où les lettres s'inscrivent en herbes portées ici. je voudrais choisir une pause dans cette musique. l'anche
humide et comme en un seul souffle l'espèce de désir bien

commencé. j'écoute encore autrement la longue humeur dit donc du blanc qu'il amorce en une sorte de respiration au bruit semblable à un point tel. je voudrais choisir une pause qui rappelle l'autre instant d'où majuscule le sexe entre tes mains.

*

mais enfin je repense à mes mots de femme et j'élève lentement mon sexe bien droit dont les joyeuses, le goût et les mots m'assaillent devant. c'est précisément ici, dans cette pause attendue, que le jeu s'installe et s'éprend aussi d'autres intentions que je veux lentes et précises. et beaux ainsi malgré quelques formes gourmandes, il m'importe peu maintenant d'y redire un à un les longs éclats du sens.

*

que je dise alors quelque chose où des poils dissimulent un texte en jambes pourtant bien écartées, en absence, féminin, juste entre là déjà tout aussi mis à plat au centre s'élance. puis une façon d'insister en la douce usine au texte amorcé tantôt tantôt au lieu précis et rose du sens. quelque chose où des poils dissimulent un texte, comme une huître bien ouverte juste derrière.

*

c'en est de la perte que le sexe qui joue, indécis, imparfait en ses gonds d'entre dents, qu'en guise de partition. il m'amuse ici même, la lèvre lourde du gland qui s'échappe, si bien que le texte insiste. (la partition s'achève sur une plainte habituelle.) rien que le texte encore hésitant au devant, et la perte aux gencives surprises de la chose adhérant.

cette pièce me plaît et sonne «l'histoire du sens». je la pose devant, à la bonne hauteur du jeu, en vestibule, en papiers peints. elle n'en est plus à une coupure près du sens ou des monnaies. précipitamment cette pièce en sa fente et là déjà tout aussi mis à plat en musiques identiques, en théâtres, en raies lentes. et le soc insiste, toujours là, au noir.

Le Texte justement, 1976

ainsi les grandes familles, au travail de la même façon, par la même usine, répètent l'histoire: le fils inscrit son corps, au hasard de l'appareil, et sa jeune sœur lape lentement ce qui s'écoule. il en restera bien quelques émotions, quelques épargnes, quelques autres fabriques où inventer la lisibilité. car celle-ci tarde bien, malgré le père, malgré l'intrigue parfaite du père.

*

j'ajoute la mort aux signes en présence, non plus comme inscription, mais comme souvenir, un peu comme déplacement du souvenir. ces considérations, d'emblée lyriques, voudraient bien évoquer les morts et leurs grandes douleurs. j'aurais placé la mort en diversion: la mort de l'ami contre le désir de la jeune sœur. mais le père veille à l'écriture et le récit, difficile, maladroit, persiste.

*

il s'acharne même à réciter, labial, les mêmes choses: que la cocaïne est bonne dans la gorge de mes grandes familles, que la fabrique en diffère un peu chaque fois, que la fonction marchande du récit a ses propres exigences quant à l'inceste prémédité. vraiment, les rôles sont stricts et parfaits, les ventres à peine ajourés, mais déjà ça se dresse, et déjà ça circule.

*

déjà la famille s'estompe et, machinalement, presque de façon cavalière, déplace l'intrigue. c'est désormais le récit d'une espèce de textes. c'est désormais l'effort du récit pour en arriver à la juste intrigue familiale, celle de l'échange. je pense maintenant à toutes les possibilités du sujet et je sais qu'il me faudra tout redire, peu à peu, délicatement.

Les Grandes Familles, 1977

dut-il ici choisir sa spécialité, tassé toussant dans son désir si rare et séchant presque tragique, sans proportions quant à la mort déjà frôlée, ce petit coin de corps opte désormais pour l'intolérance. ce morceau, ce contrat moral et plein d'émoi, préférant la complicité au corps bref, ne se satisfait plus de quelques commentaires, d'expressions ou civilités conjugales. ce morceau pancarte, il décore. il vacance. tandis que sur sa gauche quelques théâtres résolvent la passion, le mal, par petits bouts, gagne le front et ce qui s'y prépare. c'est presque une question d'étrangeté et, jalousement, j'amorce mes travaux politiques.

pourtant, il y a encore quelques mots à ne pas employer, presque par pudeur sinon par délicatesse. l'audace a parfois le fragment malheureux quand il s'agit du pluriel démon. ainsi, par mégarde, une blouse, figure réputée, déjà précise l'autre moment fictif. car je suis lamentable devant les livres simples, devant les cadeaux et les organes. la tolérance a ses signes, la passion a ses signes, le politique a ses signes et tous ont la tranquille allure de la belle conduite, gracieux et crus à la fois, tactiques et «quasi tristes», reconduits selon les réalités, mots à mots, absolument modernes.

mais la contrainte, le vêtement juste. mais le petit. mais le captif. être dans le petit, dans le captif, dans les limites de sa propre belle conduite, de ses épithètes et de son couple. y être presque patient, négociant l'écart par le discours, parlant infiniment du désir mais s'excusant lorsqu'à peine il parade. le vêtement juste du père, de la mère, les petits souliers, le col, les dessous frais propres, le petit, le captif.

je pense à la parfaite coïncidence de la parole et de l'acte, prochaine peut-être à cause de quelques femmes. c'est ainsi que par leurs infractions, que par leur corps la plupart elles abrogeront les privilèges et les loteries domestiques. pas si doux que ça le savoir propriétaire, la postérité, les caresses fiancées, c'est le bref, c'est le bail, c'est l'éducation bourgeoise qui manque à l'enfant, les découpures et les mariages. pas si doux que ça le petit style.

La Belle Conduite, 1978

75

Roger Des Roches

Né à Trois-Rivières en 1950. Poète et programmeur en informatique.

pénis punis   décalcomanies d'un peu de Dieu
    sur des livres ouverts de peau
longs biscuits droits de bois
                  remembrances de Debby trop
                  que j'imaginerai encore
                      embusquée
                  derrière les portes de sa chair
amalgame vérace continu pétrifié
                      sous-produit
              de dialogues instantanés
                        nés
de la mièvre inquiétude des vaches dans les ghettos
    du paradis

face contre terre trop de veines noires aux pores d'un
                        electric pusher
face contre terre   aux pieds des pieds alpestres de
                      grand-mères béatiques
lamellées pénétrées distribuées
vomies aux gares obliques des mystiques allongés

j'ouvre les yeux grandiosement sur le placenta de la ville
    déplie les doigts pour toucher ces étranges petits hommes
        au bout de tes seins
            de crêpe

*

troglodytes ébahis devant le réel

encore mais maintenant plus loin de se dire en bougeant
vers moi tous les champions nageurs du cæcum

j'écoute les long-plays des enfers
hachés qu'ils sont de la hache vulcaine

> oh toutes les couleurs se tordent
> dans dix mille
> Wonder-bras vides
> laissés hier dans ma chambre
> dans mon lit
> sous mes fesses

puis
j'écoute les 45 tours du ciel
et me demande pourquoi ils sont rendus si haut

chiens savants que je dresse pour te reconduire sagement
aux portes du train et te pousser

> oh toutes les formes se tordent
> les MR. Briefs dans ma tête

la mer qui pédérastre sagement avec
les berges
recule
puis s'excuse en rougissant

> *c'est la nuit*
> *et j'ai toujours faim*

Corps accessoires, 1970

dans les décombres des défonces d'âmes
s'enlisent secrètement demain d'aigles
refilant ces vieilles dames râblées
dos comme vieux ustensiles
dans les décombres d'encre des défonces d'encrent
des vieux et des moelles sans se regarder
se sont mis à jaser

*

des   en huile
puis des dés puis des fers chauds
des grammaires taxidermistes de la langue
et des aiguisoirs à dents

un monde fou sur la scène à l'entr'acte feint

*

napalm et salomon et
et
et sacer
d'os
plumes sylphes d'assez rare or
lavé bleu plein zeppelin

et

*

d'orgues en dunes
toute chose de flair
d'un bain gracieux au fond d'un lit
de serpents d'avions
comme des
flammes de 45

*

montgolfières gaies bazaarant ces beurres
colle d'or sur son cou double
Altaïrophile d'Altaïr blessé

il est ton moite quotidien

*

c'est d'une fille lamée d'acajoue rose de fard
AVEC VISIÈRE POINT D'ANGLE DAME
et ses feuilles sonnent
des lointains en sceptres do

*

coma galant ès âmes
flamme DURE TROP
comme une oreille

tous corps accessoires

L'Enfance d'Yeux, suivi de Interstices, 1972

SPACE-OPERA (sur-exposition)

face
aux espaces disposés en relation les uns aux autres
ces clichés

seul l'œil important sur ta matière importante
(vitesse de la matière)

sur ton mouvement de sueurs
(alors que sinueuse)
et toute expérience de lubrification
après quelques cigarettes interrompues
                    (prévoit la matière)

performance:
comme lire et écrire ton ventre important

                              *

et, propulsés dans la fiction,
par de savantes manipulations
épisodes de chaleur   ce manège chaud
comme édifice de surprise
                              corps armés
ainsi, et en champ,
les personnages modifiés, ta genèse et tes lèvres préférables,
se construisent
dans la critique

                              *

que de *corps étrangers*:
les personnages traqués — jusqu'à une prochaine
      dissolution? —
aussitôt qu'on leur fait prendre chair
(entre mes doigts)

(et je la prends)

personnage traqué s(t)imulé
dans la frénésie de
ce courage de chairs, constituant la
parfaite partenaire
alors que j'entre, en action,

sur tout un territoire
comme une projection de la langue solide   (torsades)

*

de la langue exécutant des torsades, des pistes hum
(des mots comme «humidité» / «la voix et le poil de» /
        «corps caverneux gorgé de sang»)
des pistes humides sur ces excentricités pileuses
découvre les tissus érectiles
et ces simulacres

*l'image d'un mur sur lequel tu t'appuies, tissée
        de manifestations*

*

le toucher:
                (la distance)   (les tensions et) ses seins aplatis
        par la traction
le volume:
                mes constamment différentes conceptions
        du solide

sont les surfaces permutables,
perméables
(ses ou) tes seins de mémoire
acculés à mesure par la lumière

*multiples époques de papier peint que les projecteurs
        persistent à étonner de ton ombre*

*

manœuvres

de la caméra ne prévoyant, hors champ,
les couleurs campées à l'intention d'un paysage
(et l'équipe technique)
sont les surfaces admises
assises en contre-jour, livrées
(comme sont ces deux jeunes filles profitant d'une ruelle
    déserte à un moment perméable de l'aube)

Space-opera (sur-exposition), 1973

ma jeune mie est entre les deux derniers orteils
de mon pied gauche
mais les plumes l'incommodent
ainsi pourquoi cette larme d'or au nombril
quelque chose de subtilement obscène

j'ai tant sofa qu'il m'est resté calme calme CALME
    EXTÉNUATION

c'était en réalité un beau canard orange
ou une gifle en plein visage après deux mots
mais quelque chose d'aérien probablement mais sûrement
    peut-être
d'un dactylo moins friable que la savane sèche qui monte
    le long de mes flancs

CANNE-ART ou SOFA ELLE dit

«bouton et brassière entre
    deux portraits bruns
    d'avant-guerre»

exténués
mais cuirs

*Autour de Françoise Sagan indélébile,
poèmes et proses 1969-1971*, 1975

À H.C.

depuis qu'elle s'applique le dur, tondue,
nous devenons les agiles (tout à coup): «Tu vas m'entendre
    venir, sois-en sûre»,
et si par la suite on la capture dans ses photos explicites
    (dont elle cautionne

quand le risque de perdre (ne serait-ce qu')un seul sein
    de vue et ne l'imaginer que par moments,
le guide du haut de son ventre m'importe

*

fallait bien admettre que chaque séquence compte:
est plus ou moins mince jeune fille sur ce lit simple
(inégalement comme magasinage discret de la fenêtre —
    même si elle nourrit quelque inten)

rejette les draps sur le plancher
et déduit sans aucune aide, le peu humide
(«dirais-tu: *mou?*   ou: *Isn't it a wonderful place
    to score?*»)

ou délayée (lessivée) par quelque intention malhonnête

*

interroger ces jeans (contenants bleus),
de bons gestes, la santé d'un lit défait,
son mobilisé comme mon sexe (par tout autre nom):
pas moins que la difficulté d'isoler une
cible
une panoplie
(elle s'assure donc que tout a un goût) «Et si par hasard
    il en avait?...»

La Publicité discrète, 1975

MOINS CONFORTABLES

Mais guerre aux clichés, «ça la loi l'aura pas!»
Fripé et fripée
avec les yeux de cigarette à la place des yeux
sans exagérer (nous agirons avec certaine manigance, l'aloi
n'aura rien vu). Difficile
par difficile pouvoir infirmé.
— Ce qui n'assure pas que sexe
(hanches posées de manière à peser ses mots)
soit à l'abri de contradictions grossières.
L'oreiller le ptit corps entre tes cuisses, ça va?

La Promenade du spécialiste, 1977

Lucien Francœur

Né à Montréal en 1948. Poète et chanteur rock.

fut buriné en mon inside d'acier trempé
le déroule de mes périples lonjeutudinaux

    j'aime quand le vide hauturier
    fait sombrer chaleurs à mes oreilles

    le vrai suinte du périple

hallucination dans un roulement de joints joyeux:

    sur les épaules de Denis Vanier
    les farlouses se complaisent douces
    à ramager l'électronique poétique
        bique-bique
    afin que les hommes

        *

cloacafuges
    nous sourions dents hyalines car
    nous seuls savons comment s'y rendre
    au square de l'éloignement faramineux

apatrides
    nous sommes partout toujours

    toujours peinturés partout de sons
    qui percutent lénitifs en nos artères

jusqu'aux limites de ce ressort
alimentant l'un par l'autre pour l'autre
nos envols cervicaux

*

i was printed somewhere
then sent here in this no man's land

(des organes sexuels et spirituels etc. etc.
flottent sur les eaux du beau et grand et
digne fleuve Saint-Laurent)

depuis j'oscille drainant l'isolement orbicole

flash-back les joints ne manquaient pas
les mots manquaient
comme des pièces de puzzle

il me faut déguerpir avant la trentaine

Minibrixes réactés, 1972

UNE SAISON EN ENFER

me prends à la gorge et
me fige à deux pas de
un peu trop de

je ne veux pas être un homme père

STOMP STOMP
on fourrage dans
ma paperasse cellulaire
ah! ces femmes de ménage

incidences animales
fun ou non je vous fais du bon
    HIT PARADE
      guitares à répétition
      un rock qui dilacère
      et casse les lacets

    HIGHWAY PATROL
    I can outdraw John Wayne
I'm after Bob Hope & Ronald Reagan

j'ai le crâne qui craque
    suis rien mais en cuir
        mes veines me tentent

FRANCŒUR heartquake country
la misère du monde sur les épaules
les dards dans les testicules

me prends pour un autre
la poésie en attendant

suis la parole et la lumière
mais ne peux manger Myriam Bonbon

dans ma Rolls Royce allégorique
je braille comme un gros

«Fume fume fume fais de la fumée
sur tout ça» Les Excentriques

en blue jeans et blouson de cuir
je vais remplir mes calepins

5-10-15, 1972

HIGH FIDELITY
revers du vide

À Bobby Haschische.

day-glo nerve cells
«Lucien laisse pas traîner tes neurones par terre
le chat va les manger»

    des paons d'orgasmes
    forgetting to get back

    j'ai le pékup houleux
    freeze-dried brain

idée chique
me défoncer le bloc

(Victoria pompe à steam
va jouer ailleurs avec tes tracteurs)

je sors de mes gonds
faciès pers cerveau égueulé

                    *

condiments hallucinogènes   peur d'arachides

prostitution d'optique   à coup d'œil
                           à coup sûr

j'ai la mort à l'œil

(monde assassin   propriétés croches)

au delà de l'Irréel
des baleines absconses font la planche
légères comme Isadora Duncan
la ballerine qui va pieds nus dans l'auge

Snack bar, 1973

RIMBAUD BAR SALON

tous en UN
à l'orgie de mes jeux d'encre

les filtres séniles de décharges atrabilaires
je les rebute du coup

     et à la hâte sous le tapis
     on attend la visite Futura

     ce long geste aura été celui
     des déments à genoux de vivre
pleurant des boîtes-à-merveilles
sur les sacs de pathos aux sens croisés

LE CAVALIER MASQUÉ

le faux-col étouffe mes motards de mots
alors des poèmes de brute en éclat
sur les bergères folies dérobées
    à la jupe de l'obscurité

    folles à lier
    en une seule mitraille
    sur les tôlures
du masqué évasif pour une faute de frappe dans
le personnage

Les Grands Spectacles, 1974

SÉQUELLES D'ACID
un autre jouet K-tel

matin insipide
des morceaux de peau
dans mon casse-tête

    c'est le réveil ordurier
    des stupres encéphaliques
    et tératogènes

    la barbarie cérébrale
un piranha pour chaque neurone
et peu à peu à ce jeu là
sur les traces du petit Émile
EXIT hypermnésie insidieuse
religieuses putrescentes strigidés

gnomes amoks le sang à la TÊTE
STOP
    ASSEZ
       je rentre à la maison

QUELQUES DIAPOSITIVES

soleil frisé
journée de bigoudis
ou bien d'intrusion

The Crisco Kid
un égo graisseux

dans des villes
de cowboys manqués
thébaïde indienne
élevée à la puissance nulle

autobus francœur
de plus en plus de moi en moi
excursions ontologiques

lumières limées
douanier qui ronronne
un décor d'échos biologiques

évanescente naissance
et à la course dans les vagues
de cette étrange même chair

Drive-in, 1976

SYNOPSIS DU CAUCHEMAR AMÉRICAIN

l'Amérique une police par personne
temps de kid air de chewing-gum
l'enfance mortelle joujoux radioactifs
soleil hagard horreurs de plastique
l'homme le ramponeau du dollar

car voyez-vous les petits
l'américanisme c'est
la foi du Bon Dieu
l'homme inventorié
la pollution vénale
et l'illusion de la vitesse

la guerre dans les pores de la peau

BÊTE CÉLESTE

vedette de secours épave textuelle
je frète un taxi dans le réel mort-né
sustentation dialectique dans le délai terrestre
immondices dans les lavatories oniriques

têtes d'affiche qui se dodelinent
dans la pénombre décapitée

sous le parasol de la paranoïa
cerveau direction une fuite mauve
une illusion cosmique
moi-même et ça fait mal

de soleil en soleil
comme une toupie étourdie
et de réputation grégaire
je me tourne autour

aux commissures des rues
la vie par les lèvres
comme un mégot
ou goulot

PSYCHOSE PARAPLUIE

la tête enfouie sous l'alphabet
et les pieds qui débordent de la radio
de la nécessité d'écrire d'en finir me dis-je
ce matin rien dans les poches je suis aux aguets
dans les mains le nouveau lexique spectaculaire
je travaille dans l'encre des tréteaux
je besogne sur la langue la grande
autour il y a la guerre des vers de terre
la paix un mirage une promesse militaire
les journées passent léthargiques
on s'ankylose on perd peut-être son rang

finalement les journées poussent hermétiques
et l'on s'estompe les uns les autres

Les Néons las, 1978

Madeleine Gagnon

Née à Amqui en 1938. Poète et professeur.

«La différence elle-même constitue une contradiction»
   (Mao Tsé-tung)
Ne plus avoir peur des mots gros sac à poubelle éclaté
sus leurs terrains c'est à qui protégerait sa pelouse au
début des complaintes puis des revendications partout
le virus des ordures historiques contaminent moé
j'sauverai pas les meubles j'vas met' le feu aux aut'
baraques on n'a pus l'énergie d'mourir sus'a job
nous autres plusieurs isolées mais solidaires et
puis toutes les trinités me font viscéral soupçon
Aucun regret à naître «machines désirantes» désir phallus
travail des alphabets mon inconscient fabrique les tissus
catalogne affilée mitaines d'ourse sans pouce
force de travail divisée dans l'œdipe plus-value profit
d'un bord de l'autre psychanalyste ou encore délires
différés le feu avait sauté par-dessus la rivière à
la chaîne travail-capital manufactures d'enfants
grosses boîtes saignantes chemin long camarades
l'idéologie dominante sous la strappe du père travail
éminemment compliquée mère voyeuse lettrages confus
la pharmacie vient livrer ses pilules à la femme
d'en face et la pizza large all dressed pour toute
la famille rien à manger la plotte au lit hysté-
rectomie ventres élastiques ventres en plastic ventre
appareils mains habillées de plastic lampe de poche
mains qui cherchent pieds attachés sur d'autres pieds
   de fer
Horloge au d'sus les mâles morcelés pénètrent sexes
de nos amours lèvres qui s'ouvrent et se resserrent

vagin fleuri fleurdelysé sexe et médecine nos sexes
débouchent dans le ventre amour et terrorisme
contradictoires vérités de nos jouissances leur sexe
n'a rien à voir avec un ventre ouvert commencer
par nous tout dire dans nos indisciplines apparentes les
alphabets n'importe comment un abcès percé à froid
dans la gorge hurlements on verra bien après
nous sortons de l'histoire par notre propre ventre
en criant nous sommes nos propres enfants nous
nous accouchons putains il n'y a pas de mal à ça
bouchez-vous les oreilles peureux bourgeois
sadiques phallocentriques et mâles chauvinistes
vis-à-vis de la parole terroristes dérision pour vous
pour nous déraison orgasmes signifiants discours
par-delà l'interdit et la barre parois libérées
où les folles s'y griffaient les ongles à longueur d'histoire
différents inextricablement liés dans nos doublures
a s'est dit à c't'heure c't'assez on va tout'
débouler ça ensemble Freud pi Marx Simone pi
Kate et la Germaine pi toutes du MLF FLF Québécoises debouttes toutes mais là c'est l'temps d'passer à la pratique attends j'vas aller pisser tu
m'conteras ça après ça m'intéresse pi elle aussi
pi moi aussi (oui) pi moi aussi (autre lui) on
était 6 je tu il nous vous ils y'en a partout
des groupes comme ça a l'a dit moé j'jouis du
clitoris l'autre a dit moé c'est du vagin les
femmes c'est drôle ça d'la misère à dire
au juste ousqu'y se passe l'orgasme on leur
a dit tellement longtemps comment sons graphes
mémorantes images grafignées par les discours
moé j'pense qu'ça s'passe partout à fois
quand on est ben pi toutes ces histoires qui
défilent des belles grosses queues plein l'horizon
deux plottes une queue deux queues une plotte
attends c'est pas fini va t'en pas y faut que

ça défile comme ça jusque dans les caves des
tendresses possibles encres de Chine sur mon corps
et langues signifiantes remémore-moi ton père
et ta mère nous sommes nos propres enfants
et commençons demain a dit ayïolle j'ai mal
au ventre puis a s'est réveillée les mains
dessus le sexe qui brûlait comme un enfer
colle tes yeux sus moé pi r'garde-moé ben
dans les genoux as-tu couché avec un aut' à soir
pourquoi tu rentres si tard on va leur en faire
des jalousies aux dominants des rivalités pi
des envies on va leur en faire des ré-
pressions du sexe économiques on va leur
en faire des dominés des interdits politiques pi des
différences antagoniques Ouf on va rire nous les
p'tites têtes on a tout' compris tout' dé-
cousu leurs catalognes toutes épiécées
leurs courte-pointes leurs courte-vues (quand même)
qui ont duré des millénaires entre les hommes et nous

Pour les femmes et tous les autres, 1975

PAPIER sus livre d'encres de Michaux
on (du Bison ravi) a les tables qu'on
peut comme ça dans plein hiver
sur le parc Lafontaine y fait fret
en mettant l'pied dehors sur la glace
nu-pieds c'était pour arrêter le
sang d'couler mousse d'algues
dans mon bain jusqu'à TOI du
plaisir nous autres on n'a rien vu
hier pendant que ça s'passait
trop occupés à jouir mais à matin
sus la ligne de piquetage on gelait

ben raide les gars d'la shop
sont descendus (DEREK aussi)
on les écœure au boutte ensemble y savent pus c'qui les
attend asteure qu'on peut fesser
en masse j'sais pas c'qu'est
mon plaisir à soir la grosse
sœur s'était garrochée sur moi
la tête sur l'oreiller d'PÉKIN
le cou dans' langue les cuisses ensemble
façon pudique à elle d'se masturber
A lavait et haletait à l'heure
d'la messe en ce jour ludique pour moi
doigts qui coulent le long du poil
entr'ouvre lèvres charnues qui cachent
volcan par en dessous travaille les
alphabets les larves sur les lenteurs
sa puissance dans le tréfond
train à longueur de journées
dans sa cuisine pas de grèves
par milliers les ouvriers défilent
elle agite à peu près pas le
doigt merveilleux tout seul va-t'en
dehors j'veux pas t'voir maman
trime les garderies c'est pour demain
ou pour la Chine à nos côtés
autour de son fourneau les tartes
pendant que tu écoutes HOPKINS
ou bien les STONES
te souviens-tu comme on s'aime on
plonge on cale on bafouille la v'là
qui roule dans son lit raide elle se
bande de tout son corps les talons
lui chatouillent c'est bon signe c'est
bonne signifiance sur la ligne d'une
montagne j'attends je trouve ton

plaisir sur le volcan en éruption
c'est comme ça qu'on sera quand
on descendra sur eux je vais entrer
sous l'acide bientôt O.K. là plottine
O.K. Ti-Cul suis refinée chambre bleue
Comme la reine d'une rude journée
trop de délires partout non pas assez
grimaces dévorantes d'un loup de fin
du monde aux pieds de sept lieux
la langue sortie d'un masque
la maison craque de tous côtés
jusque dans la ruelle Mentana
qui fallait se réchauffer près du feu
les piqueteurs sautillaient Mourir
toi qui fonces pettes la vitre les veines
qui pissent artèrent du pied ouvertes
qu'y faisait fret hier sus la ligne
dans l'ambulance deux flics
qui hurlent ton prénom
je l'entendrai sonner sur toutes les lignes OCCUPÉ.
Vingt-quatre heures ou plus. CENSURÉ.

Poélitique, 1975

Il y avait un œuf dans ce rêve de livre qui accouchait d'orgasme, moi qui. Rien ne m'indiquait que tout cela pouvait
s'écrire au féminin, pourtant. Je suivais la syntaxe apprise,
comme aveuglément, je ne m'y retrouvais plus, de mes
yeux du dedans, seulement. Sourde à mes propres cris, des
vocables signifiants se mirent à me dépasser, hurlements.
Je sus qu'à les transcrire ne serait plus ma perte et décidai
de ne plus jamais travailler ces effets calmes de purs
labeurs. Je m'installai alors dans l'attente de moi savou-
rant de toi la chaleur éphémère. Nous étions deux à naître

98

et plus personne à nier, sinon ce qui dedans encore et de très loin s'immisçait apeuré entre nous. Nous en étions certains. Et pas mal de monde avait failli y rester que notre passion séjournait au lieu de leur désir, du nôtre, de l'écrire sans mourir, désormais.

*

À chacun, chacune selon cet amour-là, si fugace et ténu, volcanique et si calme, malgré, et qui trompe les apparences du rien. Que ceux qui croient le comprendre avant moi viennent m'expliquer ce que je viens d'écrire dedans mon ordre dit ma peur, je ne crains pas cette parole, parce qu'elle y eut un petit instant où pour se sentir vivante j'ai dû me brûler et que dans cet amas de mort vivante mon corpulsion ne bougeait plus, quasiment; cette présente ascèse m'a fait jouir tout autant que la plus grande orgie, de mémoire d'homme, comme on dit. Et rien, dans le cœur ou le corps, c'est pareil, ne s'est mis à saigner, de douleur. Le liquide rouge aperçu était bon comme du lait, d'avant.

*

J'écris pour raconter les temps et les espaces entre les riens, les lieux entre les trous, interstices d'où l'on aurait bien pu ne jamais revenir et n'en jamais parler. Ces temps, ces lieux, où la jouissance et la souffrance ne se mesurent plus, d'où revient pourtant le langage sans jamais pouvoir les absorber, complètement, c'est son dû, à la fois son origine et sa fin. Vouloir qu'il en soit autrement prolonge l'exil, sa distance, son leurre, son incommunicabilité la plus certaine, sa maîtrise formelle ou sa schizophrénie. Tu étalais une syntaxe oasis absolue et je disais ce large sein, notre mère de lait, et cette bouche mince qui n'en fut pas assouvie, pourquoi s'en faire mal, personne ne le fut.

Parle-moi d'elle et notre souvenir jamais ne pourra soutenir cette machine lexicale lui tenant lieu, entre nous.

*

Pas de modèles pour qui cherche ce qui ne fut jamais trouvé. Tout est possible, même moi, m'appropriant ma plus lointaine étrangeté, dont je n'aurais voulu aucune barrière. Songes pourpres, yeux rauques de corbeaux tout autour, stridente taupe, vautours écarlates, tissus de mes craintes archaïques, ils me prêchaient la métaphore logique et les images cohérentes. Je m'abreuvais de leurs nonsens aux portes des folies admises et des meurtres absous, méprisant mes propres entendements de déroute, ma vertigineuse raison d'être, comme s'il eût fallu ajuster tous mes sens au langage boueux. On naît toujours les suicidés de quelqu'un, de quelque sentence enfoncée comme un clou, rouillée dans la gorge et dans l'âme, une corde comme espoir vain au cou, pendue.

Antre, 1978

Huguette Gaulin (1944-1972)

Née à Montréal en 1944. Poète.

c'est un long entretien vers l'élasticité

la beauté s'abat   (l'astre bouillonnant)

les tribus d'abiétinées que les reflets tordent
coupent en deux leur lumière

délire cinétique
l'œil projette des avenues d'oiseaux
(au dénouement du métal qu'iraient-ils conter là)

nous prolongeons les décors
la main vire les semences
où couve l'œuf lumineux (c'est la fontanelle qui se des-
soude et folle ovipare égrenant des chapelets)

la paupière se colle au parfum

*

le pavillon renfle d'enfants promenés
à des menaces de baisers blancs

fallait-il s'inquiéter de la qualité de tout lait
ces zones sont peu explorées

en clos vengeur
on taisait les massacres de cuir
ici l'ouverture se dévide
douce (vers d'autres signes)

et nous frémissons au jet intérieur
ceux que nous pourrions être

la main
alors gravite l'œuf rouge (des résurrections)

*

ceux tremblent
transpercent l'œil
pour remanier le sang

le verre vide remue l'œil et happe
ce tournoiement de poissons
à l'affût des globes
jeu d'attente de grelots radiophoniques
et cloches végétales

nous chassons les fuites blanches
avec des ricanements d'ailes

après les notes élevées
les demeures zébrées
un rythme de bouchon et
le déroulement
c'est une voix de femme
bijou d'ovule
tout un abîme

la ville fume les restes violoneux
et l'octobre en couverture télévisée
s'estompe

*

l'entrée nuptiale
la mariée tombe la giselle
ballet cellulaire et votre pied palmé par l'âge

le folklore des feux scie les icebergs
(déluge dans l'homme luire à bord)

projeté on est plus nombreux
fragments de vertèbres dans les cages suspendues
le temps propice aspire
les systèmes
les gouvernements caméléons
les hommes chaises
les chairs cireuses se fondent
rien d'autre

on pense le feu
les seins entre parenthèses
les femmes parquées sur l'autre faim
saluent le mergule et la virgule
ici disparues
aven

*

plutôt faire la musique me disent-ils
que d'en parler

l'oreille massive
encombrée de leurs écrits

comme de longues bandes luisantes
de la droite vers la gauche
silence

et les écouter se dérouler
autant de murales dans la paume

magnétophonique sur la table
plutôt leur faire l'amour
la mer est seule (où a-t-on vu ça)

l'articulation lente
chavirement de la main
comme des baguettes dans le passage des bateaux

*

alors ces gestes
lesquels manier
constance
où m'épuiser sans déplacement ou presque

déteindre violente
le désir peu à peu secrète ses morsures

aussi ruisselante
les thèmes transportent
et nous démêlent

plus tard l'ajustement dans les cordes

et je colle sa colère sa lèvre quasi perpétuelles
l'électrique sensation pour se situer à soi-même
les temps lissés

d'autres morts que la mienne je
je me rature sans cesse

Lecture en vélocipède, 1972

Louis Geoffroy (1947-1977)

Né à Montréal. Poète et éditeur.

invisible
je suis le miroir sans tain
la rue passe à travers mon œil
réalité
la rue passe à travers mon cœur
avec sa poussière sa lune sans ciel
la rue passe et revient toujours
passer au travers du miroir sans tain
féminité
la femme nue couchée violée mouillée
la terre où s'est fichée une ville
laissant couler de ses yeux
des épis de blé
qui volent en bruissant tout contre ma vitre

*

en l'honneur du tutélaire archange aux pattes rouges
qui porte un surnom de muse
d'autres portent des havresacs qui contiennent
en plus de leur enfant
un pain français de réserve
long de plusieurs années qui s'étirent
pour ne pas être vues
croquées sur le vif
satisfaisant voluptueusement
à la poétesse de joliesse qui barbouille
ses coulées de lave distraites

et effraie la croc nique
oui le journal carreauté l'a pissé

*

je suis un poème engagé
conquistador de petites ruelles
aux asphaltes mouillés de sperme et de larmes
aux pignons rouges sur toits
et aux regards de crapauds voyageurs

Graffiti, 1968

fastidieuses cacophonies orchestrales déjouées par l'harmonie, le calme revient et dispose des solos infantiles et les rêves transportent vers les fronts universels les Che Guevara de la grave révolte — saint danseur seul auréolé de vertige, spasmes tranchés au couteau, danses tomaouaks et scalps improvisés les casuistes de l'absence de mouvement tremblent aux poteaux colorés de titane et de colombium — avant-scène les navires détroussent les voyageurs pour l'infini de leurs mots amers, cheminées chaînes de montagnes détachées du ciel pour se nouer à la terre en d'indescriptibles nœuds gordiens hublots œils visions regards sur les vaguelettes dans les cheveux teint blond de négresses mondiales rassemblées en ghettos psychologiques, kaléidoscopes intransigeants, autres espèces de déblatérations affectives — tous les muscles raidis pour l'effort par l'effort à fournir avant de succomber à la violence, le genou se replie sur ses positions avantageuses et l'Indien regarde les forêts se décimer, perdre leur peau, égarer leurs cheveux, mourir d'inanition, se transformer en fausses mauvaises nouvelles de la United Press International

Le Saint rouge et la pécheresse, 1970

106

LA NUIT DERNIÈRE UN NOIR A ÉTÉ ASSASSINÉ DANS
HARLEM D'UNE FAÇON MONSTRUEUSE
et l'on décrit la façon que je laisse imaginer
la révolte mousse comme du nectar carbonisé gazeux
la révolte païenne
lorsque hurle le loup de minuit dans ses dents déshydratées
comme une statue immense de marbre de Long Island
        ou de Bronx
la ville dresse ses échafaudages
échafauds de l'homme rouge noir blanc jaune brun
de l'homme vie et de l'homme cadavre
pour travailler au sommet de l'immense tour-cimetière
comme un élan vers
— vers quoi —
est-ce que ce mot existe
le rêve s'approche titubant comme au crépuscule et tout
        près de moi
le rêve me touche l'épaule et me crache au visage
ses onirismes aqueux
les images picturales des nouveaux gisants de chair
dans l'atmosphère insalubre un nègre joue un blues
        sur une planche à laver
à laver la rue le matin pour en faire une beauté éclairée
à laver de toutes les innombrables souillures dont
        le cadavre charogne sans teint
dont le cadavre a couvert l'africain
une putain blanche offre sa poitrine miraculée à la source
        des baisers
une planche à laver du regard de la putain blanche sur
        un trottoir vertigineux
sur deux trottoirs
sur une infinité de trottoirs
gymnastique
«quand jva pouvoir m'entrer une bouteille de bière dans
        lvagin
jmarrêtrai

de compter sur mon poil pour me faire vivre du chiche
    argent des gros messieurs
je frai dla contrebande ou je travaillerai dans un cirque
une profession honorable»
les mêmes thèmes reviennent se promener devant moi
vêtus de blousons noirs ou de chemises jaunes en désordre
d'un pas mal assuré dans sa routine
vêtus de chandails chandails parfums de l'homme
et toujours le blues lave la poussière en face des vitrines
    de dessous féminins de délicatesse
les mêmes thèmes reviennent se promener devant moi
vêtus de blousons noirs ou de chemises jaunes
pour que je les voie
à chaque minute une jeune fille vierge sainte franchit
    le trottoir
en une fraction de seconde
frontière
frontière entre le danger l'ouvre-bouteille et le cercueil
«à New York, mon vieux, ya pas dmilieu»
le chant de la nuit de la vie de la cité nègre résonne dans
    l'ionosphère enfiévrée
la révolte qui passe
a gardé en elle une essence cachette d'alcool à cent
    pour cent
de   tnt
    LA CITÉ DE NEW YORK A CAPITULÉ JUSTEMENT HIER
DEVANT LES NOIRS. WASHINGTON, DERNIER BASTION DU
RACISME BLANC, CÈDE. LE NOUVEAU MAIRE DE NEW
YORK VIENT D'Y ENTRER: FEU MONSIEUR MALCOLM X.

Empire State Coca Blues, 1971

SAXOPHONE

vérins inconcevables aduler et interchanger les échos sonores pairs

d'une profondeur prophylactique et orientée vers l'axe du faisceau

dans la cloche les murmures d'un souffle tourbillonnant et de souffles

respirations régressées en vains moments de tendresses et d'oubli

je me fais anche sous les pressions des lèvres de mes amours patriotes

et vibrations cahotent tout mon être de préséances belliqueuses

vaguement teintes du lyrisme souffreteux de mots que l'on peut bien dire

vrilles étincelantes dans les oreilles des auditeurs suspendus aux

ô poulies grinçantes comme les pensées anémiques de théoriciens malades

la chair me vient dans les mains sous la forme d'un saxophone fer blanc

et mes doigts pianotent les apertures dorées de la colonne sonore

pluie aux longues gouttes unies de douleur et de tressautements charnels

pluie aux tonnerres gigantesques et aux éclairs spasmes de lumière

pluie d'états d'âme reliés succinctement par la suite au corpus délicti

pluie de pensées de corpus délicti entrelacés au-delà de toutes les supercheries jusqu'au cœur

j'ordonne des voix de se taire et des voix de parler le plus possible

j'ordonne le bruit que la terre doit faire autour de moi et mener

j'ordonne les ordres de se mettre en musique de marcher en nuages de

j'ordonne de tomber comme des pluies de mars aux reliefs mordorés et boueux

ô que s'éloignent de moi toutes tentatives de dogmatisme et m'enfoncer

me noyer m'enduire de seules les pluies de ma musique négroïde à odeur

à odeur de sainteté dans l'extrémisme des arbres poussés vers le ciel

à odeur de lavande près des fleuves limoneux de suds à reconquérir

à odeur de terre suante sous les gestes nerveux d'une conquête éphémère

coudes alloués en toute liberté à l'emporte-pièce et les sourdines déblatèrent

leur rôle de catimini jusqu'au bout de discours vagues

j'ai dans le cœur des prières de gratte-ciel et de rues sales aux coins

inondés de plasmas et d'hormones sanguinolentes embryons de concepts

des prières de rues noires où les arbres meurent de strangulation noire

comme cette corde autour de mon cou me pend à la musique et je meurs

des prières d'herbe jaune dans des carrés de sable sous l'œil d'enfants

aux culottes percées et aux genoux cabossés la corne de l'embouchure

auto-parcs abstraits où je me perds dans des jungles de chrome qui ont

vaguement l'air de ressemblance à mon pays de sapinières et de chairs

vaguement l'air de ressemblances de longs déserts où je cours seul

à la poursuite effrénée d'oasis dont les bosses se profilent sur fond

noir
discussions aseptiques que je fume au goût de drogues
diverses à aide
inconnues les aides à l'ocre transfiguré ton visage
d'amour vert
au-delà de notes lancées de l'électrophone comme des
rondelles de hockey
ou des balles de baseball qui heurtent les empêcheurs
de jouer en rond
de plein front et les ecchymoses prennent aussi ces
couleurs de dires
toi mon amour comme la divinité de la musique et ces
frissons de peau
portées où échelonner mes notes digitales vers la clé
de sol de toi
l'homme marche dans le rouage de mon corps vers le
rouge de ton corps
et qu'est-ce que la musique sinon le rythme de ces pas
en prolongation
débarrasser mes épaules d'un mysticisme vague inci-
tant à la débauche
je ne me laisse enfouir qu'entre tes épaules de vent et
de rage pour ne
pour ne plus mourir de ma vie intransigeante et nous
voguons sur les
vibrations mécaniques d'un décor ondulatoire
laisser vivre le rythme
vibrations d'eau
et colères colères énormes et rauques
raucité sauvage à ne plus oser regarder les instruments
dans les éclairs
de leurs reflets
hurler d'amour
le saxophone meurt soudain de hurler d'amour

Totem poing fermé, 1973

et les autres toutes les autres dans un éclair de ton œil au-
dessus du pain quotidien qu'affame l'ivresse de rhum et de
whisky
sortir
ah mourir sous les coups de boutoir de ces notes inharmo-
niques qui prennent mes nerfs dans mes jambes et te les
lancent à la figure
je te piétine de mon amour
je te foule au pied de ma tendresse
je te botte de ma communion de toi
je te tue de ma vie
et de long en large avec frénésie je t'ouvre le sexe à coups
de hache pour que tout mon corps y pénètre mon âme me
regardant agir sans remords
j'ai la violence de la soif
et ta photo
la photo de toi qu'est ton corps ne suffit plus aux papilles
monstrueuses qui m'envahissent le cerveau
les marais te noient les arbres
te fracassent
le ciel te foudroie sous la poussée de mon cri et Emmanuelle lentement ma main sur ta hanche remonte jusqu'à
l'omoplate dessinant une orbe d'ondulations azur comme
la couverture d'un livre sur le ciel du Pacifique
à la télévision ce soir les brahmanes chevelus d'un culte
ésotérique viendront vanter les mérites de la pâte à dent
McLuhan et tu souriras béatement d'observations
la condamnation se lèvera-t-elle un jour pour achever de
me tuer succinctement
ce n'est pas à moi de mourir de toi comme ce serait à toi de
mourir de rien
car je suis l'univers rond et le cercle définitif
je suis le mandala de la chasse à ton sexe triangle humide
je t'aime
à une vitesse de train élision sur lequel je m'échappe du
jardin est ouvert pour aller prendre des forces dans les bas-

fonds délectables de New York où je retrouve des mythes peureux sous forme de Lysergines où je danse les supplices désavoués des millions de mes jours pour te revenir dans la révolte des formes
Emmanuelle
le cercle reprend lentement le dessus sur Euclide
et les hommes de science préhistorique dessinent des caveaux en forme d'animaux de cirque l'Empire State Building c'est ma queue que je plante en toute ouverture vers la connaissance de moi et de toi
vers la connaissance du monde échevelé
le Chrysler Building c'est la vitesse contrite pour dénaturer l'obéissance et les valeurs sociales de la philosophie du désenchantement car on ne trouve plus le délire sous la plume d'obsédés de la révolution.
le délire est devenu une maladie honteuse comme les cris héroïques de Maldoror
et tous s'en emparent avec l'espoir d'en faire naître de petits dégourdis
hommes fin de siècle
pendant que je hurle ma conscience entre tes seins de ma nourriture
vitrification ourdie de bouche à bouche
la chlorophylle du jardin à l'air libre et aux respirations des hommes prend des teintes de vert-de-gris
et tu te blesses aux coutelas oniriques lancés fébrilement par les hommes au courage dantesque et à la peau du sang des leurs
tu respires avec un peu plus de difficultés pour bien montrer l'aise détruite et les autres impressions obscures qui entent divers examens de contrôleurs passifs

LSD voyage, 1974

André Gervais

Né à Montréal en 1947. Poète et professeur.

plaisirs sur en d'autres
jonctions sur en corps circuité/
abeilles sur en bribes circulant
passage(s) de l'apprenti
(l'apparente aise du tissage)
aux sites insistants où s'enrouler à continuer
l'accélération mise à nu la mise au jour s'enduire de
trèfle ouvrier recroquevillé
lu très fluide en
la plus que loque éloquente parenthèse
hors l'opaque policier polymorphe les distances
or la distanciation
de l'encre à jouir
                      d'un texte pollinisé
de jours en jours de mise à jour d'ouïr
la poudre sur la page
déposer
bouleversants partenaires de langage

*

drapt rapt aptère silence
livre de tous pores
pulsion poudreuse enveloppe aux gestes grammaticaux
les jours ferment(ent) dans le haut des pales
      des torpilles à tourner les pages
la salive soulève les citations dans la vulve
      alvéole fictive empreinte
pollen pubis étau d'étoffe entrée incitante ent(r)aille

pléthore des missiles à vecteurs toute hérissée de toutes
    parts
son histoire sera une longue phrase excitante
    pellicule puisque le
trop plein pollen pulvérise dans les articulations
    historiques de la matière ouvrière matrice

                                    Trop plein pollen, 1974

hom storm grom pique épique écho texte
sandwich de (dé)coupures d'immense démence truelle
    PLURIELLE
    qu'ils veulent récu(pé)rer entre les jambes
        de l'écartillerie paranoïcratique RATURE
    qui marchent sur nous
                tre
sandwich rEtROSpec   du fracas sur nous fractions
                tacle   de nous

sandwich en l'embrasure natale zoone habitée
sandwich en la touffe éparpileuse tempête de notre noir-
    ceur saccade de mie
        palimpseste
sandwich   de la désécritude quotidienne envie
        palpinceste
    des circonstances de notre origine séduite mentale
sandwich d'années déroute de tête d'enfantasme
sandwich déchets de rites bourre ébourre errata
sandwich ob(èse)scène sandwich enfoncé
                osi
    en l'anfractu   té troit triangle
                ali
    de leurs gestes onctueux de conjoncture
sandwich d'hélices de vendélateurs
                c

115

sandwich de nos tra   es détournées de touristes
                    ns   de tout
sandwich de la trame étourdie d'interdictions
sandwich ob(s)cédant sandwich syntaxiqué selon
        l'intolérable impos(sa)ture thoracique
                tice
        inters
                atz
sandwich de la douleur du savoir/du pain
        pain bread
        pain douleur
        KNHOWLEDGE OF IT
sandwich notre knotexte
sandwich juiciext sandwich in the country of the cunt
sandwich sanie béante méandre monde
sandwich strié à ras de termes d'interminables restrictions
        de sens
sandwich entré dans la langue seconde RATURE
sandwich en tITre de travail de notre épaisseur violente
        à l'embouchure multitude allant
sandwich en la trituration doucerude de la stratégie
        à pénétrer à tel point du texte jusqu'à nous qu'
sandwich notre knothing
où se dés'altère notre anthrophie d'homxte

                          *

incomparer est manière de démesurer
manière d'écrire d'immenses phrases de vie quotidi
        lundienne mardiaque médiocre
        entre les marges où tout un peuple
        est tramé trajet de fractions simultanées
(se f)rayer un passage en transe étranglée est manière
        de prendre la déjectoire
        viscéraldique où tout un peuple est op. shit
si stylisé si vilisé

116

mi-hellisé mi-enlisé
par le traumaturge opaquopulent
par le compromiste obstaculaire
dans les strag-nation movies
dans les mentales sédimentations de notre dénuement
de d(én)omination
oh notre sclérose en plaques historiques commhémorratives
de notre non-avenu de
oh notre anonymatopée à tout prix
tout and allfurcation
vietc
québetc

*

attention
men at work in progress
(tout un peuple au travail aura du terme ébloui sang des
mots fouilleurs des faisceaux d'assauts des dents
d'identité
tout un peuple au travail aura plein les mains-d'œuvres
qui se cite(nt) tous les jours mugicien intrangible qui
situe l'innombrable cible de son nom entre ses lèvres
ses livres
who is who
copulast call before the blast
thrutgh
d'où montent des naisseurs

Hom storm grom suivi de *Pré prisme aire urgence*, 1975

l'inépuisable intervalle regard puisqu'il n'a bord qu'à
sur lecture de
page politique de m'être s'il en c-R-e

le fragm'encre à mon insuture
en corpselon g l'etc
telle opératoire infracture retorse en

*

d'ai-je à il n'ai-je cet amble en
je le temps saigne dans l'écho-texte
c'est y prendre marque à la lettre et quotidienne récidive
     aire
par l'icirconflexe histoire axant de cette ligne de fête
en quelles strataj'aime
naître de m'ensevelire
je la scalpture de l'infranthrope

*

ledit fils il sait qu'il est l'hors y fils
ladite ficelle c'est qu'elle etc là de l'hors y fils selle
or l'assez d'il étanddutexte à se renverser à domicile et se
     tordre en elle
l'en bi-aigu ille de la cédille ne le cède en rien au cas jette
     hors à sic howl lèvres
missiles d'hom et spores d'armes
à s'ym'etcières a(stice)g liv

L'Instance de l'ire, 1977

Philippe Haeck

Né à Montréal en 1946. Poète, essayiste et professeur.

L'OUVRIER

La proue est l'objet de toutes nos attentions, je laisse suivre la poupe. Dès que la proue fend bien l'eau ou les glaces, j'en construis une autre plus solide, plus désirante, jusqu'à l'invisible. La cible se déplace, mais toujours dans le plus grand risque, comme si un seul exemplaire de ce monde ne nous suffisait. Pourtant, malgré tout, en dépit de toutes ces proues à fabriquer, nous écrivons peu. L'autorité, la production, inquiètent encore trop d'ouvriers. Ici je cite le droit à la paresse. Je viens de raturer une phrase qui commençait par: les plaisirs de l'esprit. Je travaille lentement, pour être efficace.

Jacques me dit qu'il faut travailler à la dictature du prolétariat, j'y vais par une autre dictature, peut-être la même, mais Jacques me dit non, la dictature du texte (poétique). Car la liberté, c'est vivre mais vivre seule, m'écrit Johanne. Je n'en demande pas plus, je me tais, je fabrique des textes en pleine solitude. C'est peut-être ce silence qui me pousse à écrire, sans rien attendre de retour, écrit Johanne. Je n'en demande pas plus, je me tais, je revois tous les pommiers en fleurs, et je continue. Il est près de vingt heures, bientôt.

J'écris, le mobile bouge, roulement à billes: il faut éviter que les pièces s'usent. Je folie, je narre. Je touche, quelque soir, comme après-coup de la colère, le désespoir. Alors l'écriture troue l'angoisse, lui enlève tous ses fils, elle me laisse vivre encore (quel corps). Je pratique le paradoxe dans l'angle duquel j'arrive à vivre, à rire aux éclats d'hommes qui tombent tout autour sans arrêt. Partout, la guerre continue.

Nattes, 1974

ÉCRIRE AU PLUS PRÈS D'ELLES

Écrire et étudier à fond, j'ai besoin de faire travailler le sens, j'ai des coins de cœur qui se brisent, je m'arrache au discours poétique, je m'empare des discours théoriques pour les mener aux pratiques, pour mesurer leur résistance.

*

Elle ouvre les yeux sur moi, le travail dialectique, je passe des soirées à étudier, ses yeux sans cesse s'ouvrent à côté de moi, il y a des moments où le sujet disparaît sous la pression de textes lus trop vite.

*

J'écris pour être près d'elle, je lis des textes philosophiques sur le fonctionnement de l'esprit, d'autres sur la féminité, parler juste pour que le silence disparaisse, déployer tout le corps sans violence, quand le discours éclaircit je caresse chaque poil pour la révolution à faire avec qui.

*

120

Entre deux battements des cils fouiller les coins de l'œil, laver l'œil pour la lecture, j'imagine le texte désirant à travers ses cils noirs, nous discutons dans une chambre d'hôtel, le ciel bleu pour l'écriture du matin alors que personne n'est levé, l'écriture dévale, je mange les lettres.

*

Tranquillement le texte se serre près d'elle, l'inventant presque, partout de fins ruisseaux sur les paupières, les mains, accroissement des terres irriguées, les seins plus durs, élargissement des lits, les rivières et les fleuves tour à tour mères et fils, les origines se perdent, les ouvriers marchent ensemble dans les rues de la ville.

Tout va bien, 1975

LA GÊNE RESPIRATOIRE

Je respire difficilement, quelque empêchement qui remonte à la naissance, ou plus tard, plus sûrement. Mes cordes vocales ne se ferment pas, je n'ai pas de retenue, si je parle vous êtes obligé d'entendre les plis de mon corps. Inutile, alors, de vous enfermer dans l'esprit, je dirai, d'une façon autre, abrupte: qui vous a volé votre ouïe. Je rougis avec plaisir de notre malaise, terre de feu. Je produis quelques signes de toux pour désobstruer, désengorger.

Un tisserand a souvent la bouche fermée, est-ce par effort d'égalisation, et parfois les dents volent, fêtes rares. Je mords l'air de la ville, de ses femmes, de ses hommes. Je veille avec une attention scrupuleuse à l'état de mes dents, je les remplace quand elles risquent de voler en éclats à cause de morsures: il, elle ente sur le corps, l'écriture, ses dents. Qui passe un doigt, lentement, sur leur arête.

Les écrivains matérialistes (ou historiques) savent détourner, pour le profit d'un nombre plus grand, les anciennes mythologies. Ils ne répugnent pas à manquer de souffle devant la bêtise, ils la contournent pour mieux délirer avec celles et ceux qui trouvent dans l'hystérie, l'utérus. Certains jeux de mots, ice cream, la faim de l'énigme, d'autres.

Le soleil faisait trembler les carreaux de tuile de la place centrale. La chaleur insupportable, les yeux n'osaient fixer le sol qui ne tenait plus en place. Elle s'est avancée, courant pour ne pas s'enfoncer dans la mer de tuiles, elle respirait difficilement, sans mots, de pleurs brillants, dans la chambre il parlait doucement, la serrant comme une jeune veuve.

Les Dents volent, 1976

Louis-Philippe Hébert

Né à Montréal en 1946. Poète et directeur d'une entreprise d'informatique.

Je suis le lac d'acier; la soif arrachée goutte à goutte, je suis le marin des marées, la cargaison gonflée de pierres, je suis l'eau qui cille au-dessus de la mer.

Je prends le feu par la tige, le sang par la veine. Je marche au fond des villages et les paroles étrangères enduisent ma peau de prophéties orientales.

Je suis le prisonnier de l'Heure Nouvelle, et la pluie du temps m'égoutte. Je ne m'étonne pas plus de ma pierre que si j'étais cadavre à me calciner sans fin dans le calcaire des églises.

Je garde le cimetière comme en ma tête les choses passées et j'ouvre les tombes avec ennui et gourmandise.

Je vis en démocratie avec mon regard, ma faim et les sons: mes frontières m'établissent.

Les Mangeurs de terre et autres textes, 1970

LE MARCHÉ

Un lézard, recouvert de la tête aux pieds d'une cape brodée de paillettes et de verreries, ou un homme de taille imposante, au ventre débordant, selon le cas, monta sur l'estrade après s'être frayé un chemin à travers la foule des rats qui lançaient des bulles en l'air pour tuer le temps; il se mit à pleurer et leva les bras au ciel, comme un grand prêtre avant un miracle fatal. Rien ne se produisit. Il put donc essuyer ses larmes et déclarer l'enchère ouverte, car on craignait encore une intervention des dieux.

L'enchère ouverte donc, les réfrigérateurs enchaînés firent une longue procession, nus, exposés au moindre rayon de soleil, et se cachant les yeux soit de honte soit pour éviter l'aveuglement. Il les prit séparément, et de ses doigts de femme il ouvrit leur porte; chaque fois, une grenouille en sautait qui tenait dans ses palmes une petite pancarte où il était écrit: *achetez-moi*.

Surprise, puis murmures d'approbation, les prix commencèrent à affluer. La neige aussi, qui se répandait partout des portes ouvertes, et le crieur devait courir sur place pour ne pas être pris dans un bloc de glace; ce qui nuisait à son travail, mais déployait gracieusement sa cape.

Une fois vendus, les réfrigérateurs, ayant perdu depuis des siècles tout esprit de révolte, suivaient docilement leur nouveau maître vers sa demeure où les attendaient les travaux forcés à perpétuité.

Le Roi Jaune, dégoûté, ne put rester sur les lieux; Antonio, avec candeur, en profita sur le chemin du retour pour lui glisser un mot des automobiles et de leur étonnante production d'œufs. Le Roi ne pouvait s'enlever de l'esprit les milliers d'œufs de réfrigérateur mêlés sans distinction aux autres, les vulgaires, et mangés comme eux. Antonio vantait leur rondeur, leur blancheur et alla même jusqu'à parler du commerce des bébés automobiles qu'il faisait illégalement. Le Roi Jaune n'entendait plus rien.

À l'entrée de la ville, par la porte de derrière, ils croisèrent un enterrement. Il s'agissait du dernier survivant de la famille des grands congélateurs découvert à l'agonie dans un désert du jardin royal, et que l'on mettait en terre sans trop de cérémonie. Et si d'un côté de la fosse les sœurs sous-parapluie se pleuvaient de rire, de l'autre un groupe de chaloupes sacrées applaudissait à grandes rames, et toutes déploraient le fait qu'il n'en reste plus d'autre à persécuter.

Au long d'une conversation qui suivit, le Roi Jaune découvrit qu'il y avait encore chez Antonio des restes d'une grande dévotion pour les anciens dieux. Il lui conseilla de monter dans une échelle et d'y demeurer jusqu'à ce que le *camion rouge* soit hors de vue. Ce qu'il fit.

Pourtant, ce soir-là, le Roi refusa de manger, et monta à sa chambre sans dessert, l'œil fou, cachant dans ses mains une des grenouilles à panneau-réclame qu'il avait réussi à attraper et qu'il comptait bien emporter chez lui pour l'utiliser comme pièce à conviction.

Le Roi jaune, 1971

WORK

L'Après-Histoire commence, la page dans une photo représente devant une automobile ouverte comme un champignon les quarante ministres des affaires religieuses qui bénissent la foule à coup de canon, alors qu'à l'intérieur de la mairie de New Work, deux pas dans les corridors d'or, Elle donne deux mots à deux mendiants qui les emballent dans du papier-journal, qui ne sont pas des soldats, mais du lait dans du pain.

Lorsqu'ils auront quitté le temps des enfances et des petits sourires, ils prendront garde de verrouiller une porte qui donne sur la rue, et au-dessus de leur tête ils agiteront les mouchoirs.

Au coin de la rue, la vie aura repris ses droits malgré la circulation rapide du sang.
De ces villes datera la résurrection des nuits.

Le Petit Catéchisme, la vie publique de W et On, 1972

LE MOT CARNIVORE

Le premier mot qu'il me fut donné d'entendre fut *braul*, ou quelque chose de semblable. J'en ignorais évidemment le sens. Je ne prétendais pas, à ce moment-là, tout connaître du vocabulaire. À vrai dire, *istamboul* m'aurait suffi amplement. Je cédai à *braul* une place convenable. Il fut seul, comme mot, pendant assez longtemps; au début il s'installa, ensuite il envahit.

Un peu plus tard, on dirait des siècles, je cherchai du mieux que je pus à lui trouver un objet, une opération de la pensée. J'aurais aimé, en le prononçant, être spontanément mis en présence d'une table basse ou d'un instrument de musique — je préférais de loin un instrument de musique, m'asseoir près de la table servie et écouter. Je veux dire écouter sans être constamment obligé d'entretenir la conversation, comme il m'arrive maintenant si souvent de le faire. Entendre. Le mot sur les oreilles, une abeille entre les dents. Et surtout ne plus chercher. Devenir lentement sa proie, sa porte de sortie, son vice. Sa raison d'être. Mais tout ce qu'il m'était donné d'apercevoir, je l'aurais vu sourd ou muet. Je n'aurais pas existé, le mot non plus, rien n'aurait été différent. J'étais l'usager, peut-être le seul, c'est tout. J'insiste. L'arrivée du mot n'offrit pendant longtemps aucune utilité, même pas une paresse. Une paresse réelle — pour tous. Car moi, je revenais vers lui, j'écoutais, je dormais.

126

Je me relevais plus lourd, d'une dimension nettement exagérée, et cela me prenait des heures avant de retrouver ma taille et mon poids habituels. Tout ce que j'en retenais, par après, c'était la petitesse des choses autour de moi, une réduction incroyable des meubles en premier, puis un abaissement du plafond, une élévation du plancher, un rapprochement des murs. Et la porte qui diminuait. En fait, je devais donner l'impression de me jeter hors de la maison couvert de flammes, de flammes dont j'étais le seul à pouvoir sentir la brûlure ou l'éclairage. Mes parents, en gens honnêtes, m'offraient leur aide. Je refusais. Ils ne tentaient aucune remarque sur ma corpulence soudaine. Les animaux domestiques ne me fuyaient pas; au contraire mon état semblait les attirer. Ma lourdeur leur inspirait confiance, *braul* et ils s'approchaient en dandinant. Ils se couchaient dans la chaleur de ma main. Quelques grognements satisfaits, puis ils se taisaient. Je n'avais qu'à presser les doigts pour en extraire le sang. Ainsi à partir d'un mot, et le premier, j'ai appris à me nourrir.

Le Cinéma de Petite-Rivière, 1974

NOSTALGIE BÉNIGNE

Notre enfance, toute parsemée de ces coffrets en bois où se lisait l'inscription: «Continent des serpentins ailés» suivie de «N'ouvrir qu'avec précaution, une main glissant contre la cuisse, côté duvet si possible, et l'autre main tenant solidement le couvercle», notre éducation aussi où nous apprenions surtout à faire pivoter nos yeux en direction du plafond pour y repérer les déplacements d'animaux à ventouses — sur lesquels nous avons dû, adultes, formuler des thèses naturalistes avant d'accéder aux quartiers de la ville qui tournent sur eux-mêmes — nos traditions familiales et les fêtes que nous honorons (les ustensiles divers dont les cérémonies commémorent l'invention: du lacet à tête chercheuse jusqu'au savon-vapeur, même la brosse à dents et la fourchette molle, les deux dernières sans cesse confondues, et l'oreiller sur lequel nous posons amoureusement nos lèvres), nos lectures, que ce soit dans les journaux que nous décousons en tirant sur un fil, ou bien ces livres à l'intérieur de tubes d'où le texte est extrait en spirale puis jeté une fois lu, nos réflexions les plus déterminées sur le sens des phrases existantes ou à venir, non, rien ne nous a préparés à parler correctement, encore moins à prendre connaissance de la grammaire ou de l'alphabet. Aussi sommes-nous transparents lorsque nous ouvrons la bouche, et l'on n'entend plus que O.

Textes d'accompagnement, 1975

Marcel Labine

Né à Montréal en 1948. Poète et professeur.

cela qui circule   ailleurs
toujours refoulé
mis hors circuit
sous la roche comme
cela se (dé)fait hors de nous

*

ce que cela imprime par l'effacement
en sourdine dans l'engrenage
bien huilé de ses images le beau rêve
de mes voisins qui ne s'en plaignent
guère puisque séduits

*

ce n'était pas ce que disait mon père
courbé dans sa chaleur à défaut
de son poing refusant que
les mains blanches depuis trente ans
ses muscles tendus   la dent longue
empêchent les siennes

*

son désir de l'afflux vif en suite
de rires pleins la gorge tu
lentement complice
déclassé par sa seule résistance

*

et cette scène inadmissible qu'il nous répétait
de sa journée tenue en laisse
le soir sachant bien la minceur
de l'écran qu'il s'agissait de rompre

*

deux cents hommes mangent
la sueur asséchée (à 10 h a.m.)
sous les bras, n'est pas une métaphore
concerne ce travail
l'autre davantage et

*

exténués dans leurs convictions cela
repris par d'autres, aux fronts nécessaires
s'engagent les glissements
dans ces lézardes creuses
bien plus que patiemment dans l'image
de sa disparition   de proche en proche

*

le (dé)montage progressif
sur toute, la ligne se fait ici
(malgré le canal 10 et l'allô-police)
depuis peu craquent
les corps gras et roses d'alcool
de bureaux en tapis mur à mur
insonorisés des fonds de cours

*

ces doux mensonges démasqués
par toutes les éclaircies en lutte
des gestes qui se referment
sur ce qui leur revient en propre

*

comme si tout ce qui avait été arraché
marquaient d'importance leurs liens tendus
justifiant ce qu'il en est
d'utilité publique

*

et ce matin
comme pour autre chose
un déplacement bref
et du nombre
fait une fois pour toutes
mais brisé   sûrement

Lisse, 1975

il s'agit là de tous ces corps qui cèdent
et peut-être aussi d'une certaine filiation,
comme une sœur, et de la langue
(dé)générée d'une autre perte que celles
brusquement, parcourues de chevilles
foulées et de toute cette enflure où
les douleurs (vieillies) autour du moindre
récit bandé du muscle marque

*

car à la glissière de sa robe
au dos de tout son corps s'ouvre
(retenue comme la salive
en creux de glande à la jambe)
exorbitant quant à la famille
pour ce relief remue
dans le raccordement de poulies

*

et ce cercle de famille qui se dépeuple
le plan déjà que la membrane rétrécit
cela qui vient de l'aine à ses poils
au moment opportun «de quitter la pièce»
mal jointe jusqu'en ses articulations
découvertes, un peu comme on se défait
par des glissements certains
sur ce corps qui en relève

*

et toutes ces fractures dites à mon père:
l'émiettement inévitable des réussites et
un peu comme à ma mère répétée dans l'agacement
d'un mal qui persiste là, dans les liens,
par nécessité exclu, devenu illisible de
toutes parts ne sachant plus
la famille autrement que par
le biais de sa gangue

*

changer de corps par ses cuisses d'avance
l'attache qui dévie vers un autre discours
(celui de l'entrefilet, derrière l'histoire de
ma petite enfance heureuse) c'est bien

de cavités dont on parle, imprenables sinon
par sa langue et la mienne
désenfouissant toutes ces jointures, tout cela
bien érigé dans l'angle (comme une église)

Les Lieux domestiques, 1977

Renaud Longchamps

Né à Saint-Éphrem de Beauce en 1952. Poète.

écrire en ses fers en ses vers
avec bien des os en travers des montants
un pied devant bien avant l'autre
bots ces béquilles à pentures grincheuses
il s'en rouille à la demi-semaine
de ces petites vues débrayées sous le crachin
quand s'alignent les maillons et les dieux des lèpres
souffle des pantouflards quand se soulignent
des doigts les croix sur les feuilles
qui se veulent baux et s'envolent au vent

*

auriculaires vous se dressez sous le tir du thé
à table rase motte de fer naguère
les mots rotaient le steak et la néolution
amphétamines au choix croix ou noms
sur les billets littérature à la lie dure
n'inclure que la jouissance de la main
contre la boîte aux lettres se glisse le majeur
à son poste dans la périphérie du nombril
la main s'ajuste au gant
vers qui s'amenuise le gilet de sens

Anticorps suivi de *Charpente charnelle*, 1974

sur le corps rien la peau qui soulève
le tout s'écroue la main germe protéines
sans sa prison lecture   plus tard écriture
se joue bien de se lancer dans les verrous

*

panique ce ciel s'hémoglobine
grèvent les oies et perdue   ses graisses
les rues quand on la crie il s'associe
à des paons lavés de sa peau des crocs

*

les plaies l'ouvrent au repos sur le tapis
tac à tac amande les lèvres
c'est-à-dire à tout prendre le sein
la plèvre entre-temps formalise

*

collet de matraque (et l'histoire du mot?)
ce texte pourri et pourquoi pas
l'écriture vertébrale à voix haute
dans l'amorphie dégueulée des mitaines

*

même si ne dégouline le nombre sept
le dieu celui-là qui (qui?)
n'ivresse pas à droite de il se nomme
interprétez ce chiffre en cas d'occident

*

maintenant se pratique le vol libre dans les seringues
législation d'ambulance calmort marines
les sangles ses farines et le corps au lavage
survolte dans l'opium des lessiveuses

Sur l'aire du lire, 1974

l'organisé sûrement modifie le désir
se reconnaît actif sans ses carences
en autant mièvre mécanisme réactif
aux boucles épuisées de nos contingences linéaires

c'est concertés que les mobiles mobilisent
la hiérarchie des chaînes aminées
car nos nœuds brièvement polis assemblés
ne contraignent en rien la chimie de l'espèce

Ditactique: une sémiotique de l'espèce, 1975

du dehors trajectoire des corps courbés en glace
du dedans l'élément s'étire sur le papier monnaie
marche qu'ils disent? alors marche au carré de la lumière
vers ces cônes de face cette cuillerée de sucre dans l'essence
même le réel transfigure en dix minutes murs blancs
mais résonnent à propos les bidons des filles indescentes

*

en cible parfaite chargeur elle se vide dans main meurtre
pour que manifestant l'objet monteur qui
vous montre du canon à l'appétit des manipulés
caressent les vitrines — une défection moderne

*

du dehors assortir les séquences des chaînes
nous surnomment numéros en série chien fidèle
s'ajoute aux morsures de l'engrosseur crèvent
les eaux et s'analyse la rouille comme test d'urine
dépose fermement sur nos processus de prison

*

du dedans nous tranche à cran d'arrêt
elle serrait ses pierres   égorgées
d'une prise renvoie que tout ne sert
les choses se travaillent dans l'humidité

*

du dehors verse à droite l'eau de vaisselle
l'ordre des petits poids dans la conserve de cervelle
du dedans mettez-y ce peu monnayable
pour crâner sa peine sans s'éteindre

*

du dehors matraque la cervelle des machineries
— on la dit rapport des forces productrices —
sur nos gardes à en croire bondir car
la violence à droite ce rien repassez nous voir

*

du dehors on laisse voir ses dessous de sable
les cubes donc la fonction des vierges crée l'organe
mais la vue ce voir lisse ce voir de vitrine
aboutit l'objet à l'objet   et cause

*

du dehors ces cires ces intervalles de tendons
qui siphonnés des motards qui siphonnés le savez-vous
du dehors aussi ces visages de pointures diverses
tels objets pour ne plus décrire les objets compromettants
qu'on n'ose transcrire à moins de décorum

Fers moteurs, 1976

ces frissons   pour saliver
dans tes frottements mais regarde
c'est d'une chimie particulière pour l'histoire
•
— agir avec l'objet de tes sécrétions —

*

ta chaleur   se lasser de t'y reproduire
juste ce qui frémit moléculaire
chaque éraflure sur l'intégrité de ton corps
•
le réel
•
telle usure du mouvement

*

ni percer ce réel dans la chair
comme chimie s'essayer camisole
d'étranges viscères quand l'usine crache son corps
•
au hasard elle paralyse ta relativité

*

jeter ses désirs   actifs et de cibles
avec tes projectiles qui s'effritent
●

telle usure car l'incertitude de la pesanteur
et reprendre
sûrement fragile la synthèse du réel mais

L'État de matière, 1977

André Roy

Né à Montréal en 1944. Poète, critique de cinéma et rédacteur.

où pour fondre dans les décors
circule et huilée en ses cordes
fertile ni glissement terrien
surcroît à cette danse
(pointe   cycle méga)
arabesques intérieures en si peu de jambes

*

c'est de craie qu'elle crie
lit comme une image
diffuse sans doublure salée
(friable parce que liquide)
et récite toutes ses cicatrices à l'endroit

*

se répète entre le papier
(5 chiffres très collés à la gorge)
ne lèche d'où le rose
redite à la moindre étoffe
et aux dépens de ses plis
le gant se fane dans la voix

*

abandonne bibelot
d'ailleurs elle page

pour si peu de quartz ou de suc
sans balance ni miroir
métronome juste les points de sa grâce

*

conductrice des fables
se pare d'images cerclées sous vide
elle dit puis des lèvres
migration entre les feux
des illusions s'imprègne sereine
et éclate sans ouvrir

*

penchée dans le bleu tonal
(l'ouïe rougit fréquemment)
déroute mais s'échappe
longtemps tombante
elle écarte les vocables sous la roue

*

respire contre les tentures de phosphore
calme sinon cachée
que fumante à pleines mains
se décompose extrême elle s'éparpille
la peinture très abîmée de lèvres
et l'espace de voir

*

avance tout
ce qu'outremer lit
vibratile par les sables

elle faille toujours
roulée de papyrus

N'importe qu'elle page, 1973

donc cette forêt tout autour des doigts
et qui pend comme une photographie
nul doute à l'appréhension des matières
ou ce qui en est appelé sexuelles
(les entailles à, l'aine son écorce détendue)
et mouille dans les sels révélés
(les sols cette, terre écrite en, perspective)
qui touche vous dilate comme un fruit tombe

*

cependant que la sournoise petite roue des nombres
commence dans le futur de vos sexes
la machination ranimera les forêts
ou disons la blancheur érectile de vos silhouettes
les sueurs selon la distribution du terrain
dans le paysage traduit le calcul d'un «petit matin» pervers
et ce qu'il en reste entre les mains

*

donc comme une nappe brûlée
— l'eau jouant du muscle jusqu'à nous —
retenir l'animation en comptant le message
(brûlée la nuit sa matière, partisane)
retourne le regard comme un verre
où les conséquences de l'image vous noient
comme un poisson obscur de tous côtés

*

reproduite en votre endroit
en expansion que brusquement volutive
inscrire et cette mesure d'images
(percutant, le vecteur de votre teint)
éteintes comme le sexe attaque bielleux
immobile que oui qu'à caresser
votre obscurité transparente comme une mécanique

*

en produisant comme vêtue dans la marchandise
(ces clartés cette toile, assourdissante)
la réflexion retombant de terre
ou se dénude jusqu'à la ceinture
: la couleur même de la scène déguisait
tout mouvement vicié à la hanche
en système de photographie

*

entraîné par les sons retrouver l'écart
(flexible, à qui tout ce rythme)
la nourriture de l'anatomie précise l'histoire
et vous place juste à l'entrée de la figure qui béate
— trace détournée criblée dans l'orifice —
le corps de la voix que comblent les variations
vous double au gras du jeu

*

(deux espèces repliées tant prolixes)
ces espaces sans chair prolifèrent
vous menacent jusque dans le plaisir
bouge comme un plan frémit

(aux seins exprimés, sexe insisté)
à voir la distance dépliée sans cesse
citons deux corps entre les yeux

En image de ça, 1974

bouche binaire n'y balance
succulence juste assez
suce ça comme bon
: lui mouille et mousse
dans   musique infra

*

claque comment com
— le violet pervers —
du moins le désordre des ciseaux
dans et pileux
se détraque: que des arcs

*

comme le sable des nerfs
voire qu'il percute
de nouveau et plein d'aise
et ne pèse et par dur
: bouge entre ses doigts

*

donc de devenir
parmi il éjacul
: le demeure mauve

bon d'entre sexes et coule c
d'abord à merveille

*

donne mou (ou) varié
l'action lustrée ne le
en gros: que trou multiple
ne le tenir durant
alors d'un vecteur fou

Vers mauve, 1975

au soir, sueurs, quand Montréal les néons
inondent
de ma plus belle (gravité de la) langue
sa présence sur mes emblèmes
et de maintenir en pleine connaissance
entrant en se régalant, journée bourrée
d'herbe, ma langue pervertie entre ses
voit que son ventre sur un certain mode
se soulève/qu'il entretient l'écriture
(la chance de la matière)
c'est dans cette fiction que j'jappe ou
jouis à la lune
ses fesses arrivent, image dans une bulle
c'est en m'tassant que j'm'éloigne
ou éjacule dans la nuit de la ville
satisfaite.

*

pendant que, le corps oblique
entre deux livres

j'ému écoute
(musiques toutes au moment de
déverser dans l'oreille surprenante) aussitôt
passe sa tête sa langue comestible
teintures immobilent sur mes cuisses
accepte que l'humanité blanche sur le
côté gauche, sa légèreté sur le nombril
comme de raison la neige nous avait succédé
succédanés ce soir
quelquefois des picotements, pianos exubérants,
exactement calligrammes pareils à chacun des
points, cicatrices voire, aux dix lieux du
corps (qui savent)
écrit/poèmes/et la blessure muera encore
(et tout ce qui remuera encore).

D'un corps à l'autre, 1976

les effets d'une lettre tombée

dit que la mémoire sort de l'uterre
jusqu'à la dernière image,
(la mer picote, hémorragies, lisse crème)
                    histoire
de cavité de chambre primitive
corps caché obligé de s'ouvrir à
se remet à jour, face creusée où
s'impriment
«les oreilles d'un certain animal
la raie des fesses et la craquelure
double du miroir»
fait que je crawle/la terre a dû trembler
Pourtant mon sexe bavarde encore:

ce léger affûtage de ma voix, de mon style

*

Excentre:
par les oranges où j'ai crié
alors que chaque langue il longue
ou alors la formule de la glotte
avec l'odeur du texte s'étend
quand les lampes (chambre croule traversant)
       les lits (retable, le récipient où mange
ma peau)   sentent les et les sadent
retournent le rire dans tous ses plis
(occe, pères dans toutes les chairs): *riverrun*
Puis par coups, puis tout droit le corps de rupture

*

Version sur version
en remet un peu, plus dactile:

par l'où j'ai crié, théâtrique animale/
la chambre sommaire
d'y endormir quelques fétiches
à la fourrure la liqueur plaisante
j'y cherche mon corps 1976
(«c'est dans la poussière des statues
où nous avons enterré nos sexes»
l'ose-t-il)
cirque où va suivre:
la visite de notre corps, réseau des hu-
meurs, *lust* luxe plaisir chargé de sucs
font scène/toile où je me découpe
dans le travaillement (phrase sur phrase)

*

(mais un nombre considérable de mes sexes
        apparaissent nus)

je ne souffle pas moins de
à l'extrême de ma langue
ceci en texte crème:
«Je projette mes bêtes
mon corps de cobra
ou: je digère mes organes»
à la vue délicats se décontractent
pour un peu grillés (dans le nœud
des yeux)
j'ai puisqu'ils ont d'autres goûts
changé de dépense

(dans le plus clair du théâtre)

Corps qui suivent, 1977

OPÉRA GLACÉ

dans la ville de la ville que tu peins est un désert que tu
contrepeignais ce quelque part très tendu c'est comme ça
mieux voir, je l'ai vue de chair et de sang, de rouge dans un
travail de la passion et toujours cette rage des graffiti qui
m'attrape troupeaux familles couteaux
(tu as dans les yeux le bleu qui m'manque pour ce tableau,
spectateur bleuté par le filet froid du regard arrive coupé
au tableau)
circulions bandés de noir parmi ces choses sanglantes multiples se multiplient jusqu'à la tuerie.

*

lentement a commencé puis maintenant jusqu'au plus déli-
rant (on lira «Diffamations» à cet effet) liront leur sexua-
lité accusatrice et les excréments commis à cette occasion
tiennent à la peinture: le régime de la jouissance ils ne le
supportent pas, comme lettres que brouille rêve trouble
l'affaire de ces lignes au cul
en fait est cicatrice très vivante des assassinés
comme traces que la mémoire coud à la bouche
sont ce tableau diffamant de sensations

*

sous les figures que c'est dans ces yeux brillant sombres
cille le sens gît, j'l'attrape alors que ça bouge: un piège
la couleur qui vous saute dessus serait une manière de vous
épingler (photos de famille) espèce de petit géniteur va!
toujours ce spectacle opéra marchand
le regard alors se prend pour? comme? un insecte, dans les
traits et que le réseau est pour moi comme une trappe
il est trop tard: toile glacée sont les figures que c'est sens
glacés

*

p'tite misère
matière visqueuse des familles
le bleu opérateur et la mauvaise qualité de la ville
où comme ça les choses deviennent bêtes bien fractures
de la facture de la tenue, des pensées prennent à cette pelli-
cule à ce canevas que j'pique de citations dans les cham-
bres (prisons voyons!) il y a une tension sorte de suspense
qui vous renvoie à la fiction, pure purée qui permerde ce
réalisme émerveillé où s'endorment les assassinés des villes, crimes chrome des sentiments

Le Sentiment du lieu, 1978

149

Patrick Straram le Bison Ravi (1934-1988)

Né à Paris en 1934. Poète et critique de cinéma.

STRANGE ORANGE

Filles-fleurs étrusques
soleils-éclatements
fruits de mer, herbes, grêles
de l'orange
de l'orange
du rock, un crabe, du pop'
elle n'arrête pas de travailler
pythonisse industrieuse
le scandale effarant du village-clinique
un sourire en écharpe sur un mal d'être incurable
qui lui donne cette beauté déchirée qui déchire
et rassure
à l'image
de la mitraille géologique étoilée
qu'elle plaque facile sur la laque
mais fallait le faire
le faire
bel oiseau noir
et femme du manuscrit trouvé à Saragosse
faite de vieille terre et de brumes de Pologne
et de canicule mexicaine
de Paris et de la Californie
et de tant de Haut Sauterne
le délire allègre
l'ironie et les larmes en un même clin d'œil de lune
à boire une terre plus promise jamais

la radio fonctionne même toute la nuit
dans le petit bungalow de la rue Olive
perché haut sur l'océan
bathyscaphe qu'elle remue d'étranges grouillements
une tendresse dingue
moulée
au long du long d'un rock qui fouille nerfs et tripes
ces éclats vertiges de guitares électrique au cœur
des Beatles des Rolling Stones
du Paul Butterfied Blues Bland du Jefferson Airplane
surrealistic pillow
le sommeil ce qui vive?
et elle m'a fait un portrait The Doors
dans
de l'orange
de l'orange
couleur d'un perpétuel mourir
où nous échangeons d'étranges oranges d'étrangers
complices d'un exil à jamais
la Stellouchka mon hirondelle-tournesol
au long du Buffalo Springfield et de Country Joe
        & the Fish
et des Fugs et de Jimi Hendrix
demain elle prendra un amant
et j'attendrai au No Name Bar
qu'elle surgisse une nuit
hurlée hurlante de solitude
et trop d'alcool
et nous rêverons ensemble
de bicyclettes
de l'orange
de l'orange
Grateful Dead et Mothers of Invention
ce qui est assez parfaitement merveilleux
pour un peu de tendresse être sentimental
quand le cirque fatigue puisque sans surprises

et se le dire en graffiti
Haut Sauterne «Strange days» *tu sais* de l'orange
as we run from the day
to a strange night of stone
et peut-être je dis mal cet accord bel
mais peut-être sont-ce les autres qui ne savent plus leur âme
brutes hystériques et petits épiciers des mensonges
acharnés à se désincarner
et le bungalow de la rue Olive
la Stellouchka mon hirondelle-tournesol
l'orange
l'orange
je le dis comme Godard dit comprenne qui voudra
comprenne qui
voudra

c'était le dit
d'un paradis
artificiel
un coin de ciel
mais moi j'y crois
folk-rock à moi
car tendresse jamais
n'abîmera le vrai

Haut Sauterne «Strange days» *tu sais* de l'orange...

THE BLUES IS A FEELING BLUES CLAIR

À la première à Chicago des films de Ono Yoko et John Lennon
quelqu'un aurait dit
«In an indescribable way, the shape and feel of a girl's breasts are exactly like her personality.»

j'ai broché la phrase sur une poutre transversable de la cabane Country Joe & Iron Butterfly

où j'écris mon *Blues clair*

le dit de nous

et je pense à toi toute toi

dans l'absence de toi ce manque de toi qui lancine lacère lamine

tes seins Milicska

vagues soulevées jusque dans soleils et lunes

l'ampleur lourde une palpitation de la terre palpable

aux remuements lents qui font tous attouchements vibrations

en quoi ma main ma tête ma bouche mon sexe chaque fois recréent tout de toi

tes yeux immenses d'une Eurasie délirante et très sage
                                    millénaire et pop
                                    juive et new thing

tes noirs cheveux roux en mistral et en Max Ernst et en Ballet du XXe siècle

ton nez en arc pour un profil silhouette dans un film de Godard

ton ventre ce fleuve étale à la surface imperceptiblement grouillante de miroitements qui pincent le cœur

ta toison herbe à peine remuée d'une multitude de cris d'oiseaux

ton sexe cathédrale et creux d'une bague démente géante et point d'orgue d'un quintette à cordes de Mozart près des lèvres comme un hurlement silencieux le grain de beauté que tant j'aime

tes fesses cette force ce repos la dynamique au point d'immobilité d'un après-midi d'été à l'heure la plus torride et fraîcheur vacillante qui chatouille d'un crépuscule de printemps s/Richelieu

tes cuisses architecture romane dans une Provence de Masson dont le dépouillement bouleverse sur la jambe droite la cicatrice zébrée giclée stridée comme un paroxysme des Grateful Dead tes doigts trop d'ongles rongés sur moi

nos regards-sourires à n'en plus finir «Colors for Susan»

ô ma Folie (le petit Robert: XVIIe et XVIIIe siècles: riches *maison de plaisance*)

tes seins Milicska

weird

désœuvrement mélancolie cafard noir vasage total

j'arpente le ranch

(ce ranch que j'aime si passionnément l'un des *lieux* où j'aurais le plus le mieux consumé ma vie et lieu pourtant aussi de la plus grande Désespérance parce que le seul être humain que je voudrais là pour que cette consumation ne soit pas solitaire mais à deux c'est Milicska qui est loin très loin l'autre matin au téléphone Gérald-Cantouques-Godin: «Je ne sais pas, elle vit avec un Sud-Africain!»)

je fais et refais le tour des mêmes prés je retourne m'appuyer au même arbre au même endroit d'une clôture

assis sur une planche au soleil un peu froid je regarde les voitures passer sur la route 12 un peu plus loin avec mon 6-pack de Schlitz Malt Liquor Beer au signe du Taureau

un soir seul

— les soirs surtout «neurasthénisent» —

un soir seul dans la cabane avec un peu de vin et un peu d'herbe au plus haut volume possible du phono et au plus haut point de l'émotion grognant gueulant geignant sept heures de disques de sons qui m'enfoncent douloureusement en moi-même qui m'arrachent à moi-même et propulsent en une Voie Lactée de toute la souffrance sept heures (essayez!)

regarder l'heure

marcher errer sur place

hard rock man it hurts bad

je vase

c'est tout c'est chronique je suis en peine d'amour et ça me fait de la peine à me demander quoi vaut la peine dure de durer

comment continuer à bavarder normalement avec Vati et Marion

à prendre un repas «en famille» normalement

à jouer aux cartes ou aux dés normalement

à boire du vin rouge North Mountain 13° normalement

à fumer de l'herbe et rire à toutes ses extrémités normalement?

«normalement» cette *situation* ranch Mar-Jon est d'un impact tel et d'une tellement significative intensité qu'il m'y faut Milicska mon cactus-ookpik

qui désapprouverait cette attente cancer d'elle

ou est-elle indifférente à ce que crée en moi l'absence d'elle

éreintante

esquintante?

il est évident que je n'y ai jamais rien compris que je n'y comprendrai jamais rien aux femmes (ce qui tombe plutôt mal)

une nuit j'ai failli me relever pour écrire une note et l'épingler sur la 2 x 4 au-dessus du lit à la tête: «Si me trouvez mort: crise cardiaque, à cause des palpitations à défoncer la cage thoracique, des battements de cœur en cavalcade monstrueuse à 'penser' à Milicska, érections, envies, souvenirs, *idées*...»

cette démence cette raison

hard rock man it's weird

à ce point de tension et de logique et d'égarement qui font drôlement fixes les idées

le blues

B.B. King Richie Havens Otis Redding Aretha Frank-
lin

the blues is a feeling c'est pas clair?

[...]

Irish Coffees au No Name Bar
& vin rouge Valley of the Moon, 1972

VILLE 1

la ville s'avale d'ovales qui ovulent syphilis
les «corporations» et pègre et justice effarent qui
    démolissent névroses
pression compression
mais c'est ville que j'aime

fugitivations
buter buté au béton brut
congestion commotion
mais c'est ville que j'aime

Drapeau dictature dénaturation absurde/abjecte
(autorouteConcordiavillageolympique) la détérioration
    détériore
COUPEZ LES ARBRES
mais c'est ville que j'aime

éreintements
errances émeuvent baroque populaire (escaliers pignons
    rotondes baies ruelles jardins)
décor/vécu à nul autre pareil défiguré in english made
    in U.S.A.

mais c'est ville que j'aime comme aucune au monde
MONTRÉAL

VOYAGES 2

herbe stridences   l'opaque translucidé   filigranes
       filatures
mémorisation incertaine d'un lyrisme obsessionnel
il doit y avoir très longtemps
prémonition par à-coups   paysages/sensations
sans bien distinguer dégager
nerfs muscles ⟵→ sentiments idées?
des mots traversent la masse sonore   sillagent
       brèchent
cry baby   changes   turn on your love light
       resolution
Janis   Jimi   Grateful Dead   Mahavishnu
les noms ont ici fonction d'indices d'une syntaxe en train
aussi bien Janis renvoie-t-elle à Pharoah Sanders à Marion
       Brown
Capricorn Moon Capricorn Rising   précipité précipice
       la constellation comme un Masson: moi
«Hear what you see/SOUNDS ARE WORDS»
le démultipliement désagrège qui affermit/infléchit
       énergie/sérénité   je n'a lieu qu'en tous

pans vastitudes d'immobile crispation   à perdre pied
       et souffle concentration/agir
gravitations aux ciels signalent barricades   l'imminent
       grave éclate rire

                                   4X4
                                   4X4, 1974

France Théoret

Née à Montréal en 1942. Poète, romancière et essayiste.

d'il d'elle de lui d'elle les mots de l'amour rêves phrases déparlantes je me dépare je déparle les phrases si muettes dans ma tête je me répète comme une petite fille si claires oui oui jongleuse des fins d'après-midi rendez-vous manqués puis masqués masque rien n'arrive les cris la soif l'ordure mentale si grande si dépossédée emmurée dans la peur des mots du sens de la marche le désordre jusque dans le corps crispé ça serre au ventre ça remue les hauts plafonds qui vont éclater je rêve debout couchée je te parle de rien de tellement rien les cuisses humides prennent toute la place plus rien toutes les jointures se bloquent finie la circulation l'obligation je suis obligée de parler pourquoi l'avoir cru les phrases s'inversent les mots viennent par derrière commencer par la fin défaire bout pour bout le discours comme si c'était possible les phrases commencent par la fin comme s'il y avait trou comme il y a un trou dans mon corps à partir duquel je pourrais retourner bout pour bout ma peau par l'envers rouge j'imagine rugueuse torture pour les yeux muette de terreur mon corps non mes phrases oh! je déparle oh! j'ai déparlé comme je te vois comme je t'ai vu
les hauts fourneaux de saint-jean-de-dieu les mots qui devraient filer vite nets ou bloquer non pas bloquer mais se taire se taire se taire ça n'est pas pareil le geste à la place le cul est innocence
de la tête et du cul du cul à la tête de la tête au cul une traversée des mots

*

Les heures les jours les années l'épaisseur le sommeil les fatigues des fins d'après-midi. Je me surveille de près. Je me tiens à l'œil. Si rigide le désert de l'Autre.

Bloody Mary, 1977

LE SANG

Cinq heures moins quart le matin. Ça fait un bon moment que je ne dors pas. Comme bien des fois depuis quelques saisons. Seulement cette fois, je guette, veilleuse de nuit, le sang qui ne veut pas venir.

Les bords, les marges, les étonnantes effusions, les rythmes étouffés. Je suis parcourue du ventre aux tempes de palpitations. Musique! Musique! Grillons des foyers d'enfance, plus haut, plus fort, endormez le malaise. La germination, plein sac de bribes, moments souvent douloureux. Si longtemps reliés pour tisser une trame à vivre, à penser! La démarcation entre le pouvoir et l'impouvoir, la jouissance et son contraire, la volonté et son absence, le désir et la haine, toutes frontières ouvertes, toutes marges abominées et abominables impossibles. Retenue, crispée, souffles couverts, déplacements incessants des bords. Je vois bien mon corps, c'est à peu près tout. Je n'ai pas une image exacte de ses déplacements.

Je quête le sang. Chercher le sang. Secret. Ça ne se parle pas avec exactitude par écrit. Et si je le dis à haute voix, j'ai envie de crier. Le dérapage, l'impossible tiraillement qui ne laisse à la main ce qu'il faut de temps pour toucher le papier, pour signifier l'absolu moment qui pour chacune une fois ou l'autre, presse le hors temps, hors lieu, hors pensée. Attendre le sang: atteindre l'isolement obligé et insensé, là où l'air s'égoutte.

Il n'y a plus de corps et il n'y a que du corps, en images obsédantes. Le tandem. Désirer le sang et haïr tout plein mon ventre et mes hanches.

Deux gouffres où je m'agite, précipices.

Je ne rêve pas, je ne tremble pas, mes tempes ne battent plus. Je suis au sec. Ni larmes, ni sueur, ni sang.

Je veux voir mon sang. Connaître l'obsession de la venue du sang certains mois, c'est en arriver à s'enfermer sur soi. Se refermer dans sa prison. Mourir à l'infinitif d'une mort sans temps, ni lieu, ni foi, ni loi. Si, au contraire, certainement quelque part, l'intériorisation de la loi du père. Avide de voir mon sang. Me soulager à le sentir là. Je veux le sang. Que ça puisse couler! Que je sois débarrassée de la rage liée à mon attente. L'infernal fait sans cesse retour, image vivante, gueule, monstre sans dent, bavoir horrible, double face d'un désert au monde. Je crie, je larme, je bave à l'intérieur.

L'amoncellement des décharges sur l'esprit. Le cumul des échecs paraît retentissant. J'abouche à l'infini ma disgrâce toujours renouvelée, toujours jugée, toujours réappropriée.

Je guette le sang dans la nuit d'été. Il vente si fort et je le cherche avec tout l'acharnement possible. Il est maintenant près de sept heures le matin, je tombe malgré moi.

Deux jours encore à épuiser les heures... Je me raconte continuellement, les égrenant, mes échecs.

C'est fini. J'ai lutté. Je suis sauve. Le sang est venu abondant, généreux, coulant d'un coup sur mes jambes, tachant le sol. Le sang heureux me fait renaître. Envie de vivre dans mon corps. Chambranle dans la nuit à commencer. Tranquille et offerte. Une certaine douceur.

Une voix pour Odile, 1978

Louis Toupin

Né à Montréal en 1950. Poète.

PRÉFACE ATROPHIÉE

Bon. C'est ici que ça commence
chez les hommes rectangulaires
trépassant sur des affiches de plastique,
et mâchés par les pierres tombales de nos bouches.

Bingo.
Le bonheur optimal
                    (planification-rationalisation)
fait un solo d'embryon
dans les tripes d'aluminium de la télévision
l'image digérée se projette
sur les gratte-ciel pourris de la rue Sherbrooke;
les électriciens du ciel
dans leurs démangeaisons ultra-violettes
déraisonnent comme des anges saturés
et, souffrant de la joie de vivre AM-FM
meurent au ralenti
en plein midi
dans le plumage
        des oiseaux à transistor.

Bonjour.
Descendre dans la vie
s'arroser de champagne prolétarien
et fermenter sous le
                    palmier des contradictions

où le soleil   économique
bronze les veines de ceux
                qui
                   s'approprient la richesse;
jouir et mordre
           dans l'orgasme-énergie
jouir
      médium, saignant, ou à la folie
jouir
      et se faire les dents
      sur la police fasciste.

Coupable.
La race des tartes-aux-pommes
          (les éléphants blancs d'Amérique)
est surprise en pleine érection
mais le timing américain vient tout sauver:
«The show must go on mon coco»
dit un ancien garçon d'ascenseur,
qui a su se tailler une part du gâteau
en s'écrasant dessus.
Les ménagères américaines et leurs moppes
                   programmées
fécondent la musique commerciale dans l'utérus
      du capitalisme.
Des commandos de pères-noël
déambulent dans le pentagone
récitant des formules d'exorcisme
contre les «communistes»
et crèvent avec leurs baïonnettes
les yeux des poupées cosmiques.
         L'Amérique.
         Le continent est un nuage collant
         attendant des invasions cellulaires
         buvant du café lent
         et se suicidant dans les cellules du
                 hasard

                    tout ça pour effleurer la puissance
                    de succion par le vide:
                            l'impérialisme yankee.
Bonjour.
Un oiseau rouge,
s'évapore magiquement
des globules blancs,
amoureusement s'élance
dans le ciel bleu
jusque dans l'éther infini
qui résonne dans le réveil-matin.
Et c'est le début de la journée.
Un petit bâillement...
... On pisse la bière de la veille...
on regarde le temps qu'il fait
et on laisse la lumière éclaboussante
nous chavirer le dedans
comme une douche d'uranium
exposée aux radiations des dents
dévoreuses de vie;
et puis on pense à sa blonde
un autre oiseau.

Hasard.
Permutation de la réalité —
chaque phrase — chaque structure —
— les lois des probabilités —
        — statistiques —
— la réalité en mouvement à travers
des structures mobiles —
— le quotidien rose bon bon —
l'esprit scientifique observe — classifie
                — expérimente — théorise —
                — vérifie.
Nous   — une organisation biologique

                              psychologique
                              sociologique
        — une organisation
                              matérialiste
                                   et
                              dialectique
et tout ça n'empêche pas la fanfare
de passer.
Jamais plus les stukas ne survoleront
                    la préhistoire.

Énergie.
Les photons se plottent
des geysers de jaune d'œuf explosent
dans la chambre d'écho où tout se multiplie
pour forcer la dose
de l'instant que l'on vit spontanément.
LE SPONTANÉISME
c'est le courant d'air
qui se glisse sous les portes
nous enrhume le cerveau
et nous tient
comme la police infiltrante
        (celle de big brother?...)
puis nous lâche plus;
bref un malaise qui se guérit
par l'aspirine du centralisme démocratique.

> Ken Russel
> (Walt Disney ayant lu le marquis de Sade)
> fait un film:
>
>   William Burroughs
>   se masturbant
>   devant un tableau de
>   Jérôme Bosch

Soleil.
Soleil électrique
parade pour nulle part
carte postale à Gutenberg:
la réalité bourgeoise
masque le soleil de la vie
sous la grisaille des rapports de classe.

Le cinéma ne se croque plus
il nous donne le flux.

La poésie ne se mange pas
on suce ses os.

Le roman ne sent plus la friture
il pue le désodorisant de la petite
                                    bourgeoise.

L'art ne vit pas au-dessus des classes
là aussi il y a une appropriation de classe.
Le formalisme se développe de + en +
mais le contenu devient
                        de + + en + +
réactionnaire.
Jamais les indiens ne lécheront
nos testicules racistes.
Couleur.
Fibreuse jusqu'à la moëlle
atrophiée   anti-créative-sexuelle
            par une éducation
                            pro-conformiste-sélective
aucun voyage n'est organisé
            vers la matière en dynamisme
            vers l'imagination
            vers la science du peuple
            vers le silence de nos os

toute contradiction est évincée:
plus personne ne divorce,
la famille est le lieu du «nirvana»,
le travail n'aliène pas,
le pluralisme fait notre «force».

Nos ailes brûlent dans l'air liquide —
on éteint nos cigarettes dans le
                                troisième œil —
les pompiers saccagent la place des arts.

Grève sauvage
sabotage de masse
le politique s'impose:

LA COULEUR EST LA QUEUE D'UNE COMÈTE!

Dans le blanc des yeux, 1975

Denis Vanier

Né à Longueuil en 1949. Poète et se consacre à l'écriture.

NOTRE-DAME DE LA DÉFAITE

Te suivant du désir jusqu'à Bowery
　　clochard de l'haleine

　　　　les lunes se turent
　　　　à l'instant du lampadaire

quand tu giclas　　magnifié d'alcool
tout ton verbe d'arrière-cour

　　illustres aussi　　　les chapiteaux qui t'étranglent
　　　　　　　　　　sous leurs nuits en sueur

chorégraphe du trottoir
　　haletant ton pas aux jungles cimentées

cadavre si brillant d'humain
que charrie une marée d'irréel

CHLORINOL

Tes hanches écourtent l'odeur transie
des matins poivrés
plus longues que les écailles
quand elles furent blanchies de ma salive
parmi les ossements du radieux

autant tatouée d'amour
dans les crématoires de l'aube
qu'Auschwitz sous l'aine des drapeaux
ma honte
que la révolte fonde à tes pieds

les oratoires sont aussi franquistes

illuminées aux os du cheval
des putains se massacrent d'églises

Manhattan   quand   mordent les chefs
si humide   de leurs clefs bâtardes

Éther!   furent archanges
tous ceux qui dénoncèrent l'imphysique

*

pendant que les garde-robes frileux perdent leur lait

Atrocement l'œil qui te moule si bien
— chair de zèbre —
piétine de vision nos ventres d'évier
mais la terre n'est-elle pas la matrice des faibles?
mis à bas nos circoncisions
qui nous font ressembler à dieu-homme

j'étalage des complexes de présence
   aussi chauds que les verrues
qui te font saigner d'amour

le cri perce moins que nos sexes
dans l'acier des fourrures

     femme main vagissante au fond du raide
       tu me fais salir ces crimes
   si beaux d'êtres jouissants
      car il en faut si peu
pour oublier le marasme bouilli
de ces insectes projetés en l'honneur du NOM

Pornographic Delicatessen, 1968

LESBIENNES D'ACID

Ceci est tout doucement une invitation
à venir suspendre vos lèvres
dans une clôture d'enfant

pour que la révolution soit un piège de farine chaude
une tente d'oxygène pour les indiens étouffés sous
   les bisons

nous nous mettrons
tes cuisses de cuir à mon banc de plumes
avec des paravents de moteur d'eau
et l'extase de se fendre
quand d'autres naissent sous la langue des animaux
sera confite de belle paille de mer

mon effrayante juive mauve
mon poulet du christ au cou tranché

dois-je cueillir mon haschich
ou laver mes bêtes
quand tu coules
violente comme une église
sur les petites filles de la ruelle Desoto.

le vin de tes jambes me chauffe comme de l'urine d'agneau
tes ongles sont verts pour caresser les commandos
la nuit saoule au kummel
je voyage sur ton sexe de mescaline
déjà rosée et écartée
et éternellement fluide sous la main.

Les chiens magiques de la communauté
nous défendront contre le gluant couteau politique
et pour celles qui nous tendent leurs seins
quand nous souffrons d'abréviations circulatoires
pour celles-là
un gros singe masse la laveuse de sirop d'érable
et meurt avec nous dans son étui à crayons

TOUT À COUP GOÛT D'AIR MÉTALLIQUE

une femme qui me touche partout
signe pour moi:

l'ascenseur rapetisse et vous change l'urètre en plastique
la densité explose:

bourses à pasteur, lobes androïdes, saints filtres, calculs
         révulsifs
mon conduit nasal est une campagne
d'incinérateurs en collision.

Les sœurs grises de l'hospice macrobiotique
me brûlent des bouts d'épine dorsale
pour faire jouir leurs petits vieux
et je m'écrase
plogué en plein sanctuaire
quand les

Malades sauvages de l'ordre établi m'assomment à coups de Molson

LA DILATATION DE RENÉE MARTEL

De Miami Beach des ranchs de phoques
se délivrent en riant un rodéo de vulves froides

des fentes d'instinct repoussent en télévision j'arrive
en sang de Chicago,
le téléphone s'accumule peu à peu vers le magnétisme

ma ponction lombaire déboutonnée à coups de .303
suce la suspension des glandes nerveuses.

Senteur de tortue dans la pharmacie lourde
le plancher grouille sous des lampes de peau

Maman, ma poupée s'amuse avec des gaz morts!

Au restaurant la schizophrénie s'amourache de mes mains
qui ont injecté des porcs malais au thermomètre
de la queue

des sauterelles de sel crampent au ventre des serveuses.

Ma bouche psalmodie des restes de table
mais la collection violente m'est enfin apparue
brandissant ton odeur dans son encensoir lumineux.

Des œufs dans mon vagin fument un plant d'hydrogène

de tant vaquer aux travaux ménagers de ton corps
j'empoubelle les oreillons du mystère.

OVERDOSE PALACE

LES ENFANTS SE MASTURBENT EN RIANT
ET NE FUMENT PLUS D'EXPORT A

Dans un champ de marijuana
un ange couvert de viande
parle à sa petite fille.

ange: Mon aisselle caresse les tambours pirates
déjà l'humidité du maltoire chacal
force des douches de bois
à ficeler la poire maternelle.

fille: Les autres me pactent de mouches calleuses,
je m'amuse avec de l'essence à biscuits
à chaque seconde j'émets un tremblement
que m'augure un trafic aérien
bien proche du vide vertébral.
2 — 3 par poussées 10 babouins
déchirent leurs couches
certains matins pralineux dans mon désert
de gencives.

172

ange: Mes boutons sont fourbus d'étriers
          j'harasse comme un flot de précipices.
          tu es si laide, ton motel n'est-il pas assez
              monstrueux
          pour que tu y restes?
          J'y suis passé hier en évitant les mandarines
          qui tentaient d'operculer ma touffe.
          Toi, ne m'apercevant pas, tu priais
          courbée sur la table d'opération.
          Tu sais que je t'ai défendu de prier
          c'est ailleurs qu'il faut se rejoindre.

fille: Je mange mon linge
          et débloque mes émanations avec un support
              béni
          j'ai peur, mon parchési recommence à sentir
              le cortex.

ange: Enfin assieds-toi sur mes joues
          ventouse mes taches, ma calédonie de vire-vents.
          Les chevreuils mécaniques coupent mon entité
          mais regarde le bétail congeler son arôme dans
          l'espace
          … j'ai eu si mal dans bol de ta mère.

fille: J'aime cuire des masques
          sur ma balançoire de lime
          comme ces marins organiques
          un crapaud incolore entre leurs sinus vidés.
          Je m'étends du poil et te rêve en carton
          sous la gomme d'un baiser
          crayonné de jeunes reines.
          Je sens le désordre sur ma brassière
          aussi ta bouche qui mouille mon traitement
          et je hurle et recoule
          cimente fixe et tendre.

L'harmonium reprend par-dessus les varices
du choc,
mes lèvres enflent pleines de cortisone
j'enlève mon caleçon où rongent en clamant
des aborigènes à bulbe absolu
et comme une sainte hostie
je plonge dans ma fille morte du nouveau-
mexique.

Lesbiennes d'acid, 1972

SULFATE DE MAGNÉSIUM
ALPHA-TOCOFÉRUM 400 U.I.

Quand je mourrai éclaté
dans ma camisole de force où boivent
les langues de feu
gardez-moi comme une adhérence
au corps de la passion

nous sommes des monstres à abattre
: des bijoux gras sur la vulve de bouddha

Les originaux bandés au clair de lune
le sexe dur comme la Gaspésie
vomissent leurs vitamines sur les jeunes avocats
de l'œuvre créatrice complète

Il n'est plus question de naître sur la paille glacée
la peau pourrie des médailles du martyr
le rejet/l'atrophie jusqu'à sa source mouvante

*

Vous ne nous connaissez pas
l'ordre de votre liquidation est encore secret
nous nous incrusterons comme des emblèmes mongols
nous frapperons n'importe où n'importe quand
surtout dans le dos

*

En cour d'appel les juges
saouls comme des bottes suçant le greffier
durent statuer leur incompétence
tant qu'à devoir porter un jugement
sur nos recherches
le colonialisme chimique
les processus cellulaires
lors de la greffe du chanvre et du houblon

*

Le thé dans mon ventre a mangé sa poche
le désir c'est la prière
Le corps plein de décharge comme un abattoir
je brûle tous les pushers une crise d'épilepsie
dans le parfum de police
Il n'y a pas de médicaments inoffensifs
les astronomes sont à la recherche
des objets les plus étranges de l'univers:
les trous noirs qui piègent la lumière

Le Clitoris de la fée des étoiles, 1974

Sauvages
nous mangeons des dieux tous les jours
ta croix entre mes seins
comme un impala auburn

En état de choc sous l'extase carnivore
strapés de cuir rose aux civières de la pureté
les pinkerton de l'abattoir
nous tatouent avec une chain-saw sainte d'hygiène,
inclinés, remplis de mou d'odeurs
nos fentes érectiles supplient l'anneau du tube

décharge de pur sang dans le meurtre de l'absence
nos «corps» sont connus: fléaux d'amour
                                    dobermans coulants
nous sommes des missionnaires
avec les nerfs comme calvaire
la scrap illuminée de la poésie
les porteurs de maladies pures dans la soie des glandes
Nous ne serons que des preuves d'amour
on s'endort tous les jours avec les valiums administrées
pour oublier les vulves du futur

         nous devons nous purifier de la nature:

hormones, douches rectales, sabotage du sperme et tampax
dans le gaz,
prélèvements schizo-utérins, cannibalisme... ail, morve,
tilleul.

En fait il s'agit de guerre, d'agression
sur la genitalia secrète

pour étamper le crest de la raie
dans le dos des enfants du parti
lactants sous les baisers rudes de nos chiennes d'acier
en attendant que nous nous répandions dans le monde.

                              Comme la peau d'un rosaire, 1977

MENSTRUÉS DE ROCK

Pur sang
poètes des forêts et des salles de pool
des habitants qui se pendent les bras en croix
au fond de la terre qui meurt
comme des Indiens
brûlés d'alcool et de doses

*

pendant que nous perçons la gale des érables
l'électro-choc de l'extase nous offre le spectre de la race
une émission de relents, d'escortes

*

nos cabanes sont des monastères
quand la nature nous fait lever le cœur
notre poésie parke en cadillac
devant les clubs de chiens

*

les bouncers ont nos textes
tatoués sur la poitrine
nous sommes enfin
leurs femmes:
des plotes de dieux en chaleur

*

et provient une nécessaire odeur de mort
émanant des martyrs que nous ne vaincrons jamais.

*

alors que le corps est sans amour
le sang se mêle aux filles cheyennes
les nerfs à l'écriture

*

dans la lignée des représentants de l'impureté
et de la passion illégale
avec la vie sauvage comme aliment de base.

L'Odeur d'un athlète, 1978

Josée Yvon

Née à Montréal en 1950. Poète et se consacre à l'écriture.

LES ESPIONNES DE LA PARANOÏA

angoissantes avant même de nous définir
notre acuité ne supporte plus aucune présence.

JE NE SUIS PAS UNE ENFANT COMME LES AUTRES

quand on éclate, on n'a plus peur

le métabolisme d'humidité est prêt à nous trancher le cou, à
nous mal nourrir.
notre vécu a transpercé notre message,
malades nous servirons jusqu'à l'usure,
nous vivrons de vidanges et photographierons des cadavres.

JE LES ENTENDS CHUCHOTER AUTOUR DE LA ROULOTTE,
ILS DISENT QU'ON N'A PAS LE DROIT D'ÊTRE ICI.

MON BEL AMOUR
VOICI QUE NOUS ALLONS MOURIR

ils détestent ce que nous faisons
et nous continuerons à changer nos serrures
nous refusons d'être employées pour multiplier
        vos maladies
que nous freakions est leur suprême plaisir
leur peur mortelle
et nous continuerons à poser des crow-bars sur nos portes

le fait qu'on nous agresse est notre plus grand méfait.
nous ne pouvons nous échapper, nous pressentons tout.
il est un jour où la fragilité épuisée prendra les armes pour
seulement défendre son intimité.

CIVILISATION DE LA TERREUR

le terroriste n'est pas celui qu'on pense
quel est celui qui sévit par la panique, le manque, le gel, la
comparaison, la différence?
on cherche à être admiré par ses voisins apathiques qui
paient une brosse à leur maladie nerveuse: compulsion de
hits, de scores, de cigarettes, de boire, de dormir, de se
mettre.
quand l'ennui prend la forme d'un horaire.
la performance tient lieu d'identité:
on a besoin d'un peuple débandé pour la routine

*

nous ne prendrons pas de juste milieu.
nous sommes des éventreuses, nous ne prendrons rien de
moins que la Démesure.
jusqu'à se défoncer, démolir, exploser.
nous ne mourrons pas, notre soif grandit
nous sommes des consommatrices affamées dans cet immense marketing où rien n'est oublié.
Dans un siècle-continent où sévit la loi de la jungle la plus
féroce,
les blessées d'hiver seront sans pitié.

*

la plus belle des pygmées sticke sa langue épaisse pas longue
dans de grandes oreilles blanches de touristes
raisonnables on s'habitue à se laisser vider.
ce sont toutes des femmes de négation
losers châtelaines-lumberjacks
déploguées d'avec le réel
leur absence sert la cause du plus triste parti.

*

mais nous nous sommes le désir
nos vieilles femmes défient le rhéostat des veines
font bander toutes les cicatrices
et se parlent à l'orifice des corps.
notre folie n'annule pas l'efficacité du scandale
les buveurs dartre à la frontière des os
pissent la danseuse
off de leur tête
encerclées aux morsures de la Menterie
il faut s'habituer à partir tous les jours.
les petites filles bandées dangereuses
sèment la mort sur l'autoroute.

Filles-commandos bandées, 1976

et pourquoi pas cette beauté craquée
n'importe quel bum
la maladie noire
avec ceux aux lisières des folies.

contre-plongée en elle
extasiée sur ses frets contagieux
une moite nudité, indispensable comme la pauvreté
le choc de montrer sa plaie.

la belle danseuse éternelle
le cœur brisé, le foie malade
vide la poudre instantanée de son sexe-commotion
anus contre nature
des Panthères couchés sur le bar effondré
le strip-tease continue jusqu'aux os
les enfants lancent des roches aux ivrognes
au corps poivré de libellule
ses côtes saillent comme une chienne racée
et elle se perd dans l'horrible pénétration des autres.

La Chienne de l'hôtel Tropicana, 1977

BIBLIOGRAPHIE 1968-1978

BEAULIEU Michel

X. Éditions de l'Obscène Nyctalope, 1968, s.p.

0:00. Éditions de l'Estérel, 1969, 80 p. Réédition dans *Charmes de la fureur*.

Charmes de la fureur. Éditions du Jour, «Les Poètes du Jour», 1970, 75 p.

Sous-jacences. Éditions Roland Pichet, 1970, s.p.

Paysage précédé de *Adn*. Éditions du Jour, «Les Poètes du Jour», 1971, 100 p.

Pulsions. Éditions de l'Hexagone, 1973, 58 p.

Variables. PUM, 1973, 110 p.

FM: lettres des saisons III. Éditions Le Noroît, 1975, s.p.

Le «Flying Dutchman». Éditions Cul Q, «Mium/Mium» 1976, s.p.

Anecdotes. Éditions Le Noroît, 1977, 63 p.

L'Octobre suivi de *Dérives*. Éditions de l'Hexagone, 1977, 78 p.

Indicatif présent. Éditions de l'Estérel, 1977, 48 p.

Le Cercle de justice. Éditions de l'Hexagone, 1977, 95 p.

Comment ça va? Éditions Cul Q, «Mium/Mium» 1978, 27 p.

Familles. Éditions de l'Estérel, 1978, 60 p.

Oratorio pour un prophète. Éditions de l'Estérel, 1978, 12 p.

BEAUSOLEIL Claude

Intrusion ralentie. Éditions du Jour, «Les Poètes du Jour», 1972, 132 p.

Les Bracelets d'ombre. Éditions du Jour, «Les Poètes du Jour», 1973, 62 p.

Avatars du trait. Éditions de l'Aurore, «Lecture en vélocipède», 1974, 68 p.

Dead line. Éditions Danielle Laliberté, 1974, 163 p.

Journal mobile. Éditions du Jour, «Les Poètes du Jour», 1974, 87 p.

Motilité. Éditions de l'Aurore, «Lecture en vélocipède», 1975, 85 p.

Ahuntsic Dream suivi de *Now.* Les Herbes rouges, no 27, 1975, 31 p.

Promenade modern style. Éditions Cul Q, «Mium/Mium», 1975, s.p.

Le Sang froid du reptile. Les Herbes rouges, no 32, 1975, s.p.

Sens interdit. Éditions Cul Q, «Mium/Mium», 1976, 31 p.

Les Marges du désir. Éditions du Coin, 1977, 51 p.

Le Temps maya. Éditions Cul Q, «Mium/Mium», 1977, 28 p.

BROSSARD Nicole

L'Écho bouge beau. Éditions de l'Estérel, 1968, 50 p. Réédition dans *Le Centre blanc* (poèmes 1965-1975), Éditions de l'Hexagone, «Rétrospectives», 1978, 422 p.

Suite logique. Éditions de l'Hexagone, 1970, 58 p. Réédition dans *Le Centre blanc*.

Le Centre blanc. Éditions d'Orphée, 1970, s.p. Réédition dans *Le Centre blanc*.

Mécanique jongleuse. Colombes (France), Éditions Génération, 1973, 20 p. Réédition dans *Le Centre blanc*.

Mécanique jongleuse suivi de *Masculin grammaticale*. Éditions de l'Hexagone, 1974, 94 p. Réédition dans *Le Centre blanc*.

La Partie pour le tout. Éditions de l'Aurore, «Lecture en vélocipède», 1975, 76 p. Réédition dans *Le Centre blanc*.

CAMPO Mario

L'Anovulatoire. La Nouvelle Barre du Jour, 1978, 40 p.

CHAMBERLAND Paul

L'Inavouable. Éditions Parti pris, «Paroles», 1968, 118 p. Réédition dans *Terre Québec* suivi de *L'Afficheur hurle*, de *L'Inavouable* et d'*Autres poèmes*, Éditions de l'Hexagone, «Typo», 1985.

Éclats de la pierre noire d'où rejaillit ma vie. Éditions Danielle Laliberté, 1972, 108 p.

Demain les dieux naîtront. Éditions de l'Hexagone, 1974, 284 p.

Le Prince de Sexamour. Éditions de l'Hexagone, 1976, 332 p.

Extrême survivance extrême poésie. Éditions Parti pris, «Paroles», 1978, 153 p.

CHARLEBOIS Jean

Popèmes absolument circonstances incontrôlables. Éditions Le Noroît, 1972, 108 p.
Tête de bouc. Éditions Le Noroît, 1973, s.p.
Tendresses. Éditions Le Noroît, 1975, s.p.
Hanches neige. Éditions Le Noroît, 1977, 150 p.
Conduite intérieure. Éditions Le Noroît, 1978, 124 p.

CHARRON François

18 assauts. France, Éditions Génération, 1972, 18 p. Réédition dans *Au «sujet» de la poésie.* Éditions de l'Hexagone, 1972, 54 p.
Littérature/obscénités. Éditions Danielle Laliberté, 1973, 85 p.
Projet d'écriture pour l'été 76. Les Herbes rouges, no 12, 1973, s.p.
La Traversée/le Regard (sous le pseudonyme d'André Lamarre). Les Herbes rouges, no 13, 1973, s.p.
Persister et se maintenir dans les vertiges de la terre qui demeurent sans fin. Éditions de l'Aurore, «Lecture en vélocipède», 1974, 60 p.
Interventions politiques. Éditions de l'Aurore, «Lecture en vélocipède», 1974, 65 p.
Pirouette par hasard poésie. Éditions de l'Aurore, «Lecture en vélocipède», 1975, 128 p.
Enthousiasme. Les Herbes rouges, nos 42-43, 1976, 52 p.
Du commencement à la fin. Les Herbes rouges, nos 47-48, 1977, 60 p.
Propagande. Les Herbes rouges, no 55, 1977, s.p.
Feu précédé de *Langue(s).* Les Herbes rouges, no 64, 1978, 33 p.
Blessures. Les Herbes rouges, nos 67-68, 1978, 67 p.

COLLETTE Jean Yves

La Vie passionnée. La Barre du Jour, 1970, 51 p.
Deux. Éditions d'Orphée, 1971, s.p. Réédition dans *Préliminaires* (textes 1965-1970), Éditions Le Noroît, 1984.
L'État de débauche. Éditions de l'Hexagone, 1974, 106 p. Réédition dans *Perspectives* (textes 1971-1975), Éditions Le Noroît, 1987.
Une certaine volonté de patience. Éditions de l'Hexagone, 1977, 76 p. Réédition dans *Perspectives.*
Dire quelque chose clairement. Éditions de l'Estérel, 1977, 29 p.
Une vie prématurée. Liège (Belgique), Éditions de l'Odradek, 1978, s.p.

DE BELLEFEUILLE Normand

Ças, suivi de *Trois.* Les Herbes rouges, nº 20, 1974, s.p.
Le Texte justement. Les Herbes rouges, nº 34, 1976, s.p.
L'Appareil (en collaboration avec Marcel Labine). Les Herbes rouges, nº 38, 1976, s.p.
Les Grandes Familles. Les Herbes rouges, nº 52, 1977, s.p.
La Belle Conduite. Les Herbes rouges, nº 63, 1978, s.p.

DES ROCHES Roger

Corps accessoires. Éditions du Jour, «Les Poètes du Jour», 1970, 55 p. Réédition dans «*Tous, corps accessoires...*» (poèmes et proses 1969-1973), Éditions Les Herbes rouges, 1979.
L'Enfance d'Yeux suivi de *Interstice.* Éditions du Jour, «Les Poètes du Jour», 1972, 118 p. Réédition dans «*Tous, corps accessoires...*».

Les Problèmes du cinématographe. Les Herbes rouges, no 8, 1973, s.p. Réédition dans «*Tous, corps accessoires...*».

Space-opera (sur-exposition). Les Herbes rouges, no 15, 1973, s.p. Réédition dans «*Tous, corps accessoires...*».

La Publicité discrète. Les Herbes rouges, no 25, 1975, s.p.

Le Corps certain. Les Herbes rouges, no 30, 1975, s.p.

Autour de Françoise Sagan indélébile (poèmes et proses 1969-1971). Éditions de l'Aurore, «Lecture en vélocipède», 1975, 104 p. Réédition dans «*Tous, corps accessoires...*».

La Vie de couple. Les Herbes rouges, nos 50-51, 1977, s.p.

La Promenade du spécialiste. Les Herbes rouges, no 54, 1977, s.p.

FRANCŒUR Lucien

Minibrixes réactés. Éditions de l'Hexagone, 1972, 58 p.

5-10-15. Éditions Danielle Laliberté, 1972, s.p.

Snack bar. Les Herbes rouges, no 10, 1973, s.p.

Les Grands Spectacles. Éditions de l'Aurore, «Lecture en vélocipède», 1974, 118 p.

Suzanne, le cha-cha-cha et moi. Éditions de l'Hexagone, 1975, 85 p.

Drive-in. Paris/Montréal, Éditions Seghers/l'Hexagone, 1976, 59 p.

Le Calepin d'un menteur. Éditions Cul Q, 1976, 62 p.

Les Néons las. Éditions de l'Hexagone, 1978, 110 p.

GAGNON Madeleine

Pour les femmes et tous les autres. Éditions de l'Aurore, «Lecture en vélocipède», 1974, 50 p. Réédition dans *Autographie I, Fictions*, VLB Éditeur, 1982.

Poélitique. Les Herbes rouges, no 26, 1975, s.p. Réédition dans *Autographie I, Fictions*.

Antre. Les Herbes rouges, nos 65-66, 1978, 52 p. Réédition dans *Autographie I, Fictions*.

GAULIN Huguette

Lecture en vélocipède. Éditions du Jour, «Les Poètes du Jour», 1972, 168 p. Réédition Éditions Les Herbes rouges, 1983, 175 p.

GEOFFROY Louis

Les Nymphes cabrées. Éditions de l'Obscène Nyctalope, 1968, s.p. Réédition dans *Femme, objet...*, Éditions Parti pris, 1983.

Graffiti. Éditions de l'Obscène Nyctalope, 1968, s.p.

Le Saint rouge et la Pécheresse. Éditions du Jour, «Les Poètes du Jour», 1970, 95 p.

Empire State Coca Blues. Éditions du Jour, «Les Poètes du Jour», 1971, 75 p.

Totem poing fermé. Éditions de l'Hexagone, 1973, 57 p.

LSD voyage. Éditions Québécoises, «Poésie», 1974, 59 p.

GERVAIS André

Trop plein pollen. Les Herbes rouges, no 23, 1974, s.p.

Hom storm grom suivi de *Pré prisme aire urgence*. Éditions de l'Aurore, «Lecture en vélocipède», 1975, 90 p.

L'Instance de l'ire. Les Herbes rouges, no 56, 1977, 36 p.

HAECK Philippe

Nattes. Les Herbes rouges, n⁰ 18, 1974, 36 p. Réédition dans *Polyphonie, Roman d'apprentissage* (poèmes 1971-1977), VLB Éditeur, 1978, 316 p.
Tout va bien. Éditions de l'Aurore, «Lecture en vélocipède», 1975, 96 p. Réédition dans *Polyphonie, Roman d'apprentissage.*
Les dents volent. Les Herbes rouges, nᵒˢ 39-40, 1976, 52 p. Réédition dans *Polyphonie, Roman d'apprentissage.*

HÉBERT Louis-Philippe

Les Mangeurs de terre et autres textes. Éditions du Jour, «Les Poètes du Jour», 1970, 235 p.
Le Roi jaune. Éditions du Jour, «Proses du Jour», 1971, 321 p.
Le Petit Cathéchisme, la vie publique de W et On. Éditions de l'Hexagone, 1972, 95 p.
Récits des temps ordinaires. Éditions du Jour, «Les Romanciers du Jour», 1972, 154 p.
Le Cinéma de Petite-Rivière. Éditions du Jour, «Proses du Jour», 1974, 111 p.
Textes extraits de vanille. Éditions de l'Aurore, «Écrire», 1974, 87 p.
Textes d'accompagnement. Éditions de l'Aurore, «Écrire», 1975, 81 p.
La Manufacture de machines. Éditions Quinze, 1976, 143 p.

LABINE Marcel

Lisse. Les Herbes rouges, n⁰ 31, 1975, s.p.
L'Appareil (en collaboration avec Normand de Bellefeuille). Les Herbes rouges, n⁰ 38, 1976.

Les Lieux domestiques. Les Herbes rouges, no 49, 1977, s.p.

LONGCHAMPS Renaud

Paroles d'ici. Québec, s. éd., 1972, 52 p. Réédition dans *Anticorps* (poèmes 1972-1978), VLB Éditeur, 1982.

L'Homme imminent. Québec, s. éd., 1973, 54 p. Réédition dans *Anticorps.*

Anticorps suivi de *Charpente charnelle.* Éditions de l'Aurore, «Lecture en vélocipède», 1974, 82 p. Réédition dans *Anticorps.*

Sur l'aire du lire. Les Herbes rouges, no 24, 1974, s.p. Réédition dans *Anticorps.*

Ditactique: une sémiotique de l'espèce. Éditions du Corps, 1975, 25 p. Réédition dans *Anticorps.*

Main armée. Éditions du corps, 1976, 24 p. Réédition dans *Anticorps.*

Terres rares. Éditions du corps, 1976, 24 p. Réédition dans *Anticorps.*

Fers moteurs. Les Herbes rouges, no 44, 1976, s.p. Réédition dans *Anticorps.*

Comme d'hasard ouvrable. Éditions Cul Q, 1977, 34 p. Réédition dans *Anticorps.*

L'État de matière. Les Herbes rouges, no 57, 1977, 21 p. Réédition dans *Anticorps.*

ROY André

N'importe qu'elle page. Les Herbes rouges, no 11, 1973, 34 p.

L'Espace de voir. Éditions de l'Aurore, «Lecture en vélocipède», 1974, 51 p.

En image de ça. Éditions de l'Aurore, «Lecture en vélocipède», 1974, 69 p.

Vers mauve. Les Herbes rouges, no 28, 1975, 29 p.
D'un corps à l'autre. Les Herbes rouges, nos 36-37, 1976, 55 p.
Corps qui suivent. Les Herbes rouges, no 46, 1977, 43 p.
Formes. Choix de poèmes. Liège (Belgique), Atelier de l'Agneau, 1977. Réédition dans *Action Writing* (vers et proses 1973-1984), Éditions Les Herbes rouges, 1985, 110 p.
Le Sentiment du lieu. Les Herbes rouges, no 62, 1978, 23 p. Réédition dans *Action Writing.*

STRARAM LE BISON RAVI Patrick

Irish Coffees au no Name Bar & vin rouge Valley of the Moon. Éditions de l'Obscène Nyctalope/l'Hexagone, 1972, 251 p.
4 x 4/4 x 4. Les Herbes rouges, no 16, 1974, 66 p.
Bribes 1/Pré-textes et lectures. Éditions de l'Aurore, «Écrire», 1975, 170 p.
Bribes 2/Le Bison ravi fend la bise. Éditions de l'Aurore, 1976, 96 p.

THÉORET France

Bloody Mary. Les Herbes rouges, no 45, 1977, 24 p.
Une voix pour Odile. Éditions Les Herbes rouges, 1978, 76 p.

TOUPIN Louis

Dans le blanc des yeux. Éditions de l'Hexagone, «h», 1975, 36 p.

VANIER Denis

Pornographic Delicatessen. Éditions de l'Estérel, 1968, s.p. Réédition dans *Œuvres poétiques complètes I* (1965-1979), Éditions Parti pris/VLB Éditeur, 1980.
Catalogue d'objets de base. Éditions du Vampire, 1969, s.p.
Lesbiennes d'acid. Éditions Parti pris, 1972, 76 p. Réédition dans *Œuvres poétiques complètes I.*
Le Clitoris de la fée des étoiles. Les Herbes rouges, n⁰ 17, 1974, s.p. Réédition dans *Œuvres poétiques complètes I.*
Comme la peau d'un rosaire. Éditions Parti pris, 1977, 61 p. Réédition dans *Œuvres poétiques complètes I.*
L'Odeur d'un athlète. Éditions Cul Q, 1978, 36 p. Réédition dans *Œuvres poétiques complètes I.*

YVON Josée

Filles-commandos bandées. Les Herbes rouges, n⁰ 35, 1976, s.p.
La Chienne de l'hôtel Tropicana. Éditions Cul Q, «exit», 1977, 40 p.

TABLE

PRÉFACE   7

Michel Beaulieu   15
Claude Beausoleil   23
Nicole Brossard   33
Mario Campo   40
Paul Chamberland   42
Jean Charlebois   50
François Charron   56
Jean Yves Collette   65
Normand de Bellefeuille   69
Roger Des Roches   76
Lucien Francœur   85
Madeleine Gagnon   94
Huguette Gaulin   101
Louis Geoffroy   105
André Gervais   114
Philippe Haeck   119
Louis-Philippe Hébert   123
Marcel Labine   129
Renaud Longchamps   134
André Roy   140
Patrick Straram le Bison Ravi   150
France Théoret   158
Louis Toupin   161
Denis Vanier   167
Josée Yvon   179

BIBLIOGRAPHIE   183

COLLECTION RÉTROSPECTIVES

Michel Beaulieu, *Desseins*, poèmes 1961-1966
Nicole Brossard, *Le centre blanc*, poèmes 1965-1975
Nicole Brossard, *Double impression*, poèmes et textes 1967-1984
Yves-Gabriel Brunet, *Poésie I*, poèmes 1958-1962
Cécile Cloutier, *L'écouté*, poèmes 1960-1983
Michel Gay, *Calculs*, poèmes 1978-1986
Juan Garcia, *Corps de gloire*, poèmes 1963-1988
Roland Giguère, *L'âge de la parole*, poèmes 1949-1960
Jacques Godbout, *Souvenirs Shop*, poèmes et proses 1956-1980
Gérald Godin, *Ils ne demandaient qu'à brûler*, poèmes 1960-1986
Alain Grandbois, *Poèmes*, poèmes 1944-1969
Paul-Marie Lapointe, *Le réel absolu*, poèmes 1948-1965
Isabelle Legris, *Le sceau de l'ellipse*, poèmes 1943-1967
Olivier Marchand, *Par détresse et tendresse*, poèmes 1953-1965
Pierre Morency, *Quand nous serons*, poèmes 1967-1978
Fernand Ouellette, *Poésie*, poèmes 1953-1971
Fernand Ouellette, *En la nuit, la mer*, poèmes 1972-1980
Pierre Perrault, *Chouennes*, poèmes 1961-1971
Pierre Perrault, *Gélivures*, poésie
Alphonse Piché, *Poèmes*, poèmes 1946-1968
Jacques Renaud, *Les cycles du Scorpion*, poèmes et proses 1960-1987
Fernande Saint-Martin, *La fiction du réel*, poèmes 1953-1975
Michel van Schendel, *De l'œil et de l'écoute*, poèmes 1956-1976
Pierre Trottier, *En vallées closes*, poèmes 1951-1986

COLLECTION PARCOURS

Claude Haeffely, *La pointe du vent*   .

ANTHOLOGIES

Robert Hébert, *L'Amérique française devant l'opinion étrangère, 1756-1960*
Laurent Mailhot, Pierre Nepveu, *La poésie québécoise des origines à nos jours*
Jean Royer, *La poésie québécoise contemporaine*

HORS COLLECTION

José Acquelin, *Tout va rien*
Anne-Marie Alonzo, *Écoute, Sultane*
Anne-Marie Alonzo, *Le livre des ruptures*
Marie Anastasie, *Miroir de lumière*
Élaine Audet, *Pierre-feu*
Jean Basile, *Journal poétique*
Jean A. Baudot, *La machine à écrire*
Germain Beauchamp, *La messe ovale*
Michel Beaulieu, *Le cercle de justice*
Michel Beaulieu, *L'octobre*
Michel Beaulieu, *Pulsions*
André Beauregard, *Changer la vie*
André Beauregard, *Miroirs électriques*
André Beauregard, *Voyages au fond de moi-même*
Marcel Bélanger, *Fragments paniques*
Marcel Bélanger, *Infranoir*
Marcel Bélanger, *Migrations*
Marcel Bélanger, *Plein-Vent*
Marcel Bélanger, *Prélude à la parole*
Marcel Bélanger, *Saisons sauvages*
Louis Bergeron, *Fin d'end*
Jacques Bernier, *Luminescences*
Réginald Boisvert, *Le temps de vivre*
Yves Boisvert, *Chiffrage des offenses*
Denis Boucher, *Tam-tam rouge*
Roland Bourneuf, *Passage de l'ombre*
Jacques Brault, *La poésie ce matin*
Pierre Brisson, *Exergue*
André Brochu, *Délit contre délit*
Nicole Brossard, *Mécanique jongleuse*, suivi de
    Masculin grammaticale
Nicole Brossard, *Suite logique*
Antoinette Brouillette, *Bonjour soleil*
Alice Brunet-Roche, *Arc-boutée à ma terre d'exil*
Alice Brunet-Roche, *Au creux de la raison*
François Bujold, *Piouke fille unique*
Michel Bujold, *Transitions en rupture*
Jean Bureau, *Devant toi*
Pierre Cadieu, *Entre voyeur et voyant*
Mario Campo, *Coma laudanum*
Georges Cartier, *Chanteaux*
Paul Chamberland, *Demain les dieux naîtront*
Paul Chamberland, *Demi-tour*
Paul Chamberland, *Éclats de la pierre noire d'où
    rejaillit ma vie*
Paul Chamberland, *L'enfant doré*
Paul Chamberland, *Le prince de Sexamour*
Paul Chamberland, *Terre souveraine*
Paul Chamberland, *Extrême survivance
    extrême poésie*
Paul Chamberland, Ghislain Côté, Nicole Drassel,
    Michel Garneau, André Major, *Le pays*
François Charron, *Au «sujet» de la poésie*
François Charron, *Littérature/obscénités*
Pierre Châtillon, *Le mangeur de neige*
Pierre Châtillon, *Soleil de bivouac*
Herménégilde Chiasson, *Mourir à Scoudouc*
Jacques Clairoux, *Cœur de hot dog*
Cécile Cloutier, *Chaleuils*
Cécile Cloutier, *Paupières*

Guy Cloutier, *Cette profondeur parfois*
Jean-Yves Collette, *L'état de débauche*
Jean-Yves Collette, *Une certaine volonté de patience*
Gilles Constantineau, *Nouveaux poèmes*
Gilles Constantineau, *Simples poèmes et ballades*
Ghislain Côté, *Vers l'épaisseur*
Gilles Cyr, *Diminution d'une pièce*
Gilles Cyr, *Sol inapparent*
Gilles Derome, *Dire pour ne pas être dit*
Gilles Derome, *Savoir par cœur*
Jacques De Roussan, *Éternités humaines*
Marcelle Desjardins, *Somme de sains poèmes t'aquins*
Gilles Des Marchais, *Mobiles sur des modes soniques*
Gilles Des Marchais, *Ombelles verbombreuses*,
    précédé de *Parcellaires*
Ronald Després, *Les cloisons en vertige*
Pierre Des Ruisseaux, *Lettres*
Pierre Des Ruisseaux, *Travaux ralentis*
Pierre Des Ruisseaux, *Présence empourprée*
Pierre Des Ruisseaux, *Storyboard*
Pierre Des Ruisseaux, *Monème*
Gaëtan Dostie, *Poing commun*, suivi de
    Courir la galipotte
Michèle Drouin, *La duègne accroupie*
Guy Ducharme, *Chemins vacants*
Raoul Duguay, *Chansons d'Ô*
Raoul Duguay, *Manifeste de l'infonie*
Fernand Dumont, *Parler de septembre*
Gérard Étienne, *Lettre à Montréal*
Jean-Paul Filion, *Chansons, poèmes*
Rémi-Paul Forgues, *Poèmes du vent et des ombres*
Claude Fournier, *Le ciel fermé*
Lucien Francœur, *5/10/15*
Lucien Francœur, *Des images pour une Gitane*
Lucien Francœur, *Drive-in*
Lucien Francœur, *Minibrixes réactés*
Lucien Francœur, *Les néons las*
Lucien Francœur, *Les rockeurs sanctifiés*
Lucien Francœur, *Une prière rock*
Alphonse Gagnon, *Intensité*
Juan Garcia, *Alchimie du corps*
Michel Garneau, *Moments*
Gérald Gaudet, *Lignes de nuit*
Gérald Gaudet, *Il y a des royaumes*
Claude Gauvreau, *Œuvres créatrices complètes*
Michel Gay, *Métal mental*
Michel Gay, *Plaque tournante*
Jacques Geoffroy, *La catoche orange*
Louis Geoffroy, *Empire State coca blues*
Louis Geoffroy, *Le saint rouge et la pécheresse*
Louis Geoffroy, *Totem poing fermé*
Louis Geoffroy, *Femme, objet...*
Guy Gervais, *Gravité*
Guy Gervais, *Poésie I*
Guy Gervais, *Verbe silence*
Roland Giguère, *Temps et lieux*
Gérald Godin, *Les cantouques*
Gérald Godin, *Libertés surveillées*
Gérald Godin, *Poèmes de route*
Gaston Gouin, *J'il de noir*
Pierre Graveline, *Chansons d'icitte*
Claude Haeffely, *Des nus et des pierres*
Claude Haeffely, *Glück*

Claude Haeffely, *Le périscope*
Claude Haeffely, *Rouge de nuit*
Jean Hallal, *Le songe de l'enfant-satyre*
Jean Hallal, *La tranche sidérale*
Jean Hallal, *Le temps nous*
Jean Hallal, *Le temps nous (Le songe de l'enfant-satyre, La tranche sidérale, Le temps nous)*
Jean Hallal, *Les concevables interdits*
Louis-Philippe Hébert, *Le petit catéchisme*
Gilles Hénault, *À l'inconnue nue*
Alain Horic, *Blessure au flanc du ciel*
Alain Horic, *Les coqs égorgés*
Jean-Pierre Issenhuth, *Entretien d'un autre temps*
Michel Janvier, *L'œkoumène écorché vif*
Jaquemi, *Des heures, des jours, des années*
Monique Juteau, *La lune aussi...*
Jacques Labelle, *L'âge premier*
Guy Lafond, *Poème de l'Un*
Michèle Lalonde, *Défense et illustration de la langue québécoise* suivi de *Prose et poèmes*
Michèle Lalonde, *Métaphore pour un nouveau monde*
Michèle Lalonde, *Speak white*
Michèle Lalonde, *Terre des hommes*
Robert Lalonde, *Kir-Kouba*
Gilbert Langevin, *L'avion rose*
Gilbert Langevin, *La douche ou la seringue*
Gilbert Langevin, *Les écrits de Zéro Legel*
Gilbert Langevin, *Le fou solidaire*
Gilbert Langevin, *Griefs*
Gilbert Langevin, *Issue de secours*
Gilbert Langevin, *Mon refuge est un volcan*
Gilbert Langevin, *Novembre* suivi de *La vue du sang*
Gilbert Langevin, *Origines*
Gilbert Langevin, *Ouvrir le feu*
Gilbert Langevin, *Stress*
Gilbert Langevin, *Les mains libres*
Gatien Lapointe, *Arbre-radar*
Gatien Lapointe, *Le premier mot* précédé de *Le pari de ne pas mourir*
Paul-Marie Lapointe, *Écritures*
Paul-Marie Lapointe, *Tableaux de l'amoureuse* suivi de *Une, unique, Art égyptien, Voyage & autres poèmes*
Paul-Marie Lapointe, *The Terror of the Snows*
Jean Larochelle, *Fougères des champs*
Jean Larochelle, *Lunes d'avril*
Raymond Lelanc, Jean-Guy Rens, *Acadie/expérience*
André Leclerc, *Journal en vers et avec tous*
André Leclerc, *Poussières-Taillibert*
Claude Leclerc, *Toi, toi, toi, toi, toi*
Michel Leclerc, *Écrire ou la disparition*
Michel Leclerc, *La traversée du réel* précédé de *Dorénavant la poésie*
Luc Lecompte, *Ces étirements du regard*
Luc Lecompte, *Les géographies de l'illusionniste*
Jean Leduc, *Fleurs érotiques*
Dennis Lee, *Élégies civiles et autres poèmes*
Pierrot Léger, *Le show d'Évariste le nabord-à-Bab*
Isabelle Legris, *Sentiers de l'infranchissable*
Raymond Lévesque, *Au fond du chaos*
Raymond Lévesque, *On veut rien savoir*

André Loiselet, *Le mal des anges*
Andrée Maillet, *Le chant de l'Iroquoise*
Andrée Maillet, *Élémentaires*
Alain Marceau, *À la pointe des yeux*
Olivier Marchand, *Crier que je vis*
Gilles Marsolais, *La caravelle incendiée* précédé de *Souillures et traces* et de *L'acte révolté*
Gilles Marsolais, *Les matins saillants*
Gilles Marsolais, *La mort d'un arbre*
Robert Marteau, *Atlante*
Jean-Paul Martino, *Objets de la nuit*
Pierre Mathieu, *Ressac*
Yves Mongeau, *Les naissances*
Yves Mongeau, *Veines*
Robert Montplaisir, *Prémices*
Pierre Morency, *Torrentiel*
Pierre Morency, *Au nord constamment de l'amour*
Pierre Morency, *Effets personnels* suivi de *Douze jours dans une nuit*
Lorenzo Morin, *L'arbre et l'homme*
Lorenzo Morin, *Le gage*
Lorenzo Morin, *L'il d'elle*
Pierre Nepveu, *Couleur chair*
Pierre Nepveu, *Épisodes*
Denys Néron, *L'équation sensible*
Georges Noël, *Poèmes des êtres sensibles*
Marie Normand, *Depuis longtemps déjà*
Yvan O'Reilly, *Symbiose de flashes*
Pierre Ouellet, *Sommes*
Fernand Ouellette, *À découvert*
Fernand Ouellette, *Ici, ailleurs, la lumière*
Fernand Ouellette, *Les heures*
Ernest Pallascio-Morin, *Les amants ne meurent pas*
Ernest Pallascio-Morin, *Pleins feux sur l'homme*
Yvon Paré, *L'octobre des Indiens*
Diane Pelletier-Spiecker, *Les affres du zeste*
Claude Péloquin, *Chômeurs de la mort*
Claude Péloquin, *Inoxydables*
Claude Péloquin, *Le premier tiers*, Œuvres complètes 1942-1975, vol. 1
Claude Péloquin, *Le premier tiers*, Œuvres complètes 1942-1975, vol. 2
Claude Péloquin, *Le premier tiers*, Œuvres complètes 1942-1975, vol. 3
Pierre Perrault, *Ballades du temps précieux*
Pierre Perrault, *En désespoir de cause*
Richard Phaneuf, *Feuilles de saison*
François Piazza, *Les chants de l'Amérique*
François Piazza, *L'identification*
Jean-Guy Pilon, *Poèmes 71. Anthologie des poèmes de l'année au Québec*
Louise Pouliot, *Portes sur la mer*
Bernard Pozier, *Lost Angeles*
Yves Préfontaine, *Débâcle* suivi de *À l'orée des travaux*
Yves Préfontaine, *Nuaison*
Yves Préfontaine, *Pays sans parole*
Daniel Proulx, *Pactes*
Raymond Raby, *Tangara*
Luc Racine, *Les jours de mai*
Luc Racine, *Le pays saint*
Luc Racine, *Villes*
Michel Régnier, *Les noces dures*

Michel Régnier, *Tbilisi ou le vertige*
Jean-Robert Rémillard, *Sonnets archaïques*
    pour ceux qui verront l'indépendance
Mance Rivière, *D'argile et d'eau*
Guy Robert, *Et le soleil a chaviré*
Guy Robert, *Québec se meurt*
Guy Robert, *Textures*
Claude Rousseau, *Les rats aussi ont de beaux yeux*
Claude Rousseau, *Poèmes pour l'œil gauche*
Jean-Louis Roy, *Les frontières défuntes*
Jean Royer, *Faim souveraine*
Jean Royer, *Les heures nues*
Jean Royer, *La parole me vient de ton corps* suivi de
    Nos corps habitables
Jean Royer, *Le chemin brûlé*
Jean Royer, *Depuis l'amour*
Daniel Saint-Aubin, *Voyages prolongés*
André Saint-Germain, *Chemin de desserte*
André Saint-Germain, *Sens unique*
Madeleine Saint-Pierre, *Émergence*
Madeleine Saint-Pierre, *Empreintes*
Sylvie Sicotte, *Infrajour*
Sylvie Sicotte, *Pour appartenir*
Sylvie Sicotte, *Sur la pointe des dents*

Maurice Soudeyns, *L'orée de l'éternité*
Maurice Soudeyns, *La trajectoire*
Julie Stanton, *À vouloir vaincre l'absence*
Julie Stanton, *La nomade*
Nada Stipkovic, *Lignes*
Patrick Straram le bison ravi, *Irish coffees*
    au no name bar & vin rouge valley of the moon
Machine Gun Susie, *La libération technique*
    de Suzanne Francœur
François Tétreau, *L'architecture pressentie*
Jean Thiercelin, *Demeures du passe-vent*
Alain Tittley, *Dans les miroirs de mon sang*
Louis Toupin, *Dans le blanc des yeux*
Gemma Tremblay, *Cratères sous la neige*
Gemma Tremblay, *Les seins gorgés*
Pierre Trottier, *La chevelure de Bérénice*
Mao Tsê-Tung, *Poésies complètes*
Susy Turcotte, *De l'envers du corps*
Denis Vanier, *Je*
Denis Vanier, *Comme la peau d'un rosaire*
Michel van Schendel, *Autres, autrement*
Michel van Schendel, *Variations sur la pierre*
Michel van Schendel, *Extrême livre des voyages*
France Vézina, *Les journées d'une anthropophage*

COLLECTION DE POCHE TYPO

1. Gilles Hénault, *Signaux pour les voyants*, poésie, préface de Jacques Brault (l'Hexagone)
2. Yolande Villemaire, *La vie en prose*, roman (Les Herbes Rouges)
3. Paul Chamberland, *Terre Québec* suivi de *L'afficheur hurle*, de *L'inavouable* et d'*Autres poèmes*, poésie, préface d'André Brochu (l'Hexagone)
4. Jean-Guy Pilon, *Comme eau retenue*, poésie, préface de Roger Chamberland (l'Hexagone)
5. Marcel Godin, *La cruauté des faibles*, nouvelles (Les Herbes Rouges)
6. Claude Jasmin, *Pleure pas, Germaine*, roman, préface de Gérald Godin (l'Hexagone)
7. Laurent Mailhot, Pierre Nepveu, *La poésie québécoise*, anthologie (l'Hexagone)
8. André-G. Bourassa, *Surréalisme et littérature québécoise*, essai (Les Herbes Rouges)
9. Marcel Rioux, *La question du Québec*, essai (l'Hexagone)
10. Yolande Villemaire, *Meurtres à blanc*, roman (Les Herbes Rouges)
11. Madeleine Ouellette-Michalska, *Le plat de lentilles*, roman, préface de Gérald Gaudet (l'Hexagone)
12. Roland Giguère, *La main au feu*, poésie, préface de Gilles Marcotte (l'Hexagone)
13. Andrée Maillet, *Les Montréalais*, nouvelles (l'Hexagone)
14. Roger Viau, *Au milieu, la montagne*, roman, préface de Jean-Yves Soucy (Les Herbes Rouges)
15. Madeleine Ouellette-Michalska, *La femme de sable*, nouvelles (l'Hexagone)
16. Lise Gauvin, *Lettres d'une autre*, essai/fiction, préface de Paul Chamberland (l'Hexagone)
17. Fernand Ouellette, *Journal dénoué*, essai, préface de Gilles Marcotte (l'Hexagone)
18. Gilles Archambault, *Le voyageur distrait*, roman (l'Hexagone)
19. Fernand Ouellette, *Les heures*, poésie (l'Hexagone)
20. Gilles Archambault, *Les pins parasols*, roman (l'Hexagone)
21. Gilbert Choquette, *La mort au verger*, roman, préface de Pierre Vadeboncœur (l'Hexagone)
22. Nicole Brossard, *L'amèr ou Le chapitre effrité*, théorie/fiction, préface de Louise Dupré (l'Hexagone)
23. François Barcelo, *Agénor, Agénor, Agénor et Agénor*, roman (l'Hexagone)
24. Michel Garneau, *La plus belle île* suivi de *Moments*, poésie (l'Hexagone)
25. Jean Royer, *Poèmes d'amour*, poésie, préface de Noël Audet (l'Hexagone)
26. Jean Basile, *La jument des Mongols*, roman, préface de Carole Massé (l'Hexagone)
27. Denise Boucher, Madeleine Gagnon, *Retailles*, essais/fiction (l'Hexagone)
28. Pierre Perrault, *Au cœur de la rose*, théâtre, préface de Madeleine Greffard (l'Hexagone)
29. Roland Giguère, *Forêt vierge folle*, poésie, préface de Jean-Marcel Duciaume (l'Hexagone)
30. André Major, *Le cabochon*, roman (l'Hexagone)
31. Collectif (Union des écrivains québécois), *Montréal des écrivains*, fiction, présentation de Louise Dupré, Bruno Roy, France Théoret (l'Hexagone)
32. Gilles Marcotte, *Le roman à l'imparfait*, essais (l'Hexagone)
33. Berthelot Brunet, *Les hypocrites*, roman, préface de Gilles Marcotte (Les Herbes Rouges)
34. Jean Basile, *Le Grand Khân*, roman, préface de Carole Massé (l'Hexagone)
35. Raymond Lévesque, *Quand les hommes vivront d'amour...*, chansons et poèmes, préface de Bruno Roy (l'Hexagone)
36. Louise Bouchard, *Les images*, récit (Les Herbes Rouges)

Cet ouvrage composé en Times Corps 12
a été achevé d'imprimer
aux Ateliers Graphiques Marc Veilleux Inc.
à Cap-Saint-Ignace en janvier 1990
pour le compte des
Éditions de l'Hexagone

200558946

Imprimé au Québec (Canada)